金融有温度

——中国社区银行发展实证研究

社区银行实证研究编写组　著

中国金融出版社

责任编辑：亓　霞　任　娟
责任校对：李俊英
责任印制：陈晓川

图书在版编目（CIP）数据

金融有温度：中国社区银行发展实证研究/ 社区银行实证研究编写组著. —北京：中国金融出版社，2017. 10
ISBN 978 - 7 - 5049 - 9153 - 9

Ⅰ. ①金…　Ⅱ. ①社…　Ⅲ. ①社区—银行—研究—中国
Ⅳ. ①F832. 39

中国版本图书馆 CIP 数据核字（2017）第 201997 号

出版发行　中国金融出版社
社址　北京市丰台区益泽路 2 号
市场开发部　（010）63266347，63805472，63439533（传真）
网 上 书 店　http：//www. chinafph. com
（010）63286832，63365686（传真）
读者服务部　（010）66070833，62568380
邮编　100071
经销　新华书店
印刷　保利达印务有限公司
装订　平阳装订厂
尺寸　169 毫米 ×239 毫米
印张　15. 5
字数　190 千
版次　2017 年 10 月第 1 版
印次　2017 年 10 月第 1 次印刷
定价　45. 00 元
IBSN 978 - 7 - 5049 - 9153 - 9

本书编委会

主　编：陶以平

副主编：陈锦光

编　委（按姓氏笔划排序）：

王升乾　叶博宇　朱建平

华　兵　孙建新　严学旺

李　健　杨　忠　何双钢

张　旻　陈晓虹　林　川

林　琳　孟少陵　赵朝清

傅晓阳　熊洪营

执　笔：孙天睿　纪　焱

序　言

兴业银行零售条线的同事们在繁忙的工作之余撰写了这本《金融有温度——中国社区银行发展实证研究》，并邀我作序，我既感到高兴，也有一丝忐忑。高兴是因为同事们这种孜孜不倦的学习精神、探索精神令人振奋、值得肯定，忐忑则是因为社区银行在我国仍是新鲜事物，尚处于探索过程，说得不好怕会引起大家的误解，甚至有自吹自擂的嫌疑。但既然是新鲜事物，总要有人去探索、去总结，即使存在谬误，相信广大读者也能理解，如能因此引发进一步的良性思考与实践，更是善莫大焉。

众所周知，随着近年来国内经济进入新常态，商业银行的经营环境发生了深刻、复杂的变化，转型、变革成为各家银行不得不面对且关乎生死存亡的重大课题。至于具体怎么转型、如何变革，各家银行由于历史进程不同、资源禀赋不同、观察认识不同，制定的方案措施也有很大差异。但据我了解，绝大多数国内银行把零售业务放到了一个更加重要的位置，有的同业包括个别全国性股份制银行更是把打造成为一家以零售业务为主体的银行树为战略目标。这种现象有较强的合理性。第一，零售业务具有巨大的发展空间。经过三十多年的改革开放，我国居民已经积累起庞大的财富，而且居民财富仍然在保持较快增长，同时个人客户仍有相当大的融资需求和潜力，这为零售业务的较快发展奠定了坚实基础。第二，零售业务具有较高的稳定性。无论是从历史记录看，还是从发达国家银行的经验看，零售业务相对而言更能抗击经济波动和经济周期的影响，是很多成功银行的“压舱石”。第三，零售业务正在迎来“弯道超车”的历史机遇。这突出表现在金融科技对零售业务带来的影响上。蓬勃发展的金融科技正在逐渐改变传统支付、融资以及财富管理等的基本模式和市场格局。当然，能否借助金融科技实现“弯道超车”，最终取决于银行的洞察力、判断力与行动力，可谓机遇与挑战并存。这是我们必须直面的爱与怕。

兴业银行在国内商业银行中一直以差异化经营而著称，我们的绿色金融、城镇化金融、同业金融以及金融市场业务等在国内同业中或引领潮流，或跻身前列，为推动兴业银行从一家区域性小银行成长壮大为一家大型综合金融服务集团作出了重大贡献。但与上述特色鲜明的业务相比，我们在零售业务上的努力和成绩没有受到市场足够的关注。事实上，我们对零售业务历来高度重视。早在2005年，我们就明确将零售业务确立为一项“增长后劲、分散风险、实现可持续发展的战略性业务”，并在所有业务中率先启动专业化改革。十多年来，在其他业务突飞猛进的同时，我们的零售业务也保持着持续快速的发展，对全行业务和收入的贡献占比一直在稳定提升。面对当前的形势变化，我们进一步提出零售业务要抓紧从“青少年”成长为“青壮年”，争取到2020年，使零售条线在整个集团的营业收入占比提升到30%以上，净利润占比提升到20%以上。

确立目标容易，难的是找对路子。近几年，我们在零售业务上持续加大投入，大胆探索创新，在部分业务领域开始取得成效，形成了一定的比较优势，比如财富管理、养老金融、出国金融等，当然也包括社区银行。我们从2013年开始实施社区银行战略，探索社区银行发展道路，目前已建成1031家社区银行，不仅机构数量在同类型银行中最多，而且已经实现了整体盈利，更重要的是管理模式获得了监管部门的高度肯定。在此过程中，零售条线的同事们确实有不少心得体会值得总结。

这本《金融有温度——中国社区银行发展实证研究》全面展示了兴业银行社区银行的缘起、进程与展望，从某种意义上也可以说是兴业银行社区银行的战略规划或战略实施评估报告，它道出了很多原本“不能说的秘密”，具有较强的实践参考价值。据我所知，目前国内还没有其他社区银行的研究者或实践者写出一本这么翔实的专著。

当然，《金融有温度——中国社区银行发展实证研究》本质上是一种立足于实践基础的理论探索，绝非兴业银行的宣传册。从理论研究的角度，我认为它有几个方面的特点是比较可贵的：一是全面性。通过此书，读者可以从实践到理论、从国外到国内、从现在到未来，建立起对社区银行的比较深刻的认识。二是有细节。此书对社区银行的微观运行做了十分详细的阐述，具有较强的可读性和趣味性。三是实证精神。毋庸讳言，目前国内不管是理论界还是实务界，对社区银行这一新鲜事物仍有较大争论，但大多数言论仅属于“坐而论道”，重宏观、轻微观，重分析、轻数据，重推理、轻实证。相较而言，此书显得“很安静”，竭力避免文义之争，尽量用案例、数据、模型说话。由此，社区银行的好处更加令人信服，社区银行的问题也更加引人关注。

也许《金融有温度——中国社区银行发展实证研究》仅是我行同事们的一家之言，它立足的基础也只是到目前为止我行社区银行的发展实践，随着的时间推移，相关的事实、逻辑、观点都可能发生变化，但同事们这种勤奋、认真、务实、理性的精神却是我们弥足珍贵的财富。依托这种精神，我相信我行的社区银行乃至整个零售业务都将大有可为，我行零售业务的转型发展目标也必将能够实现！

兴业银行董事长　高建平

目录

CONTENTS

目录

CONTENTS

目录
CONTENTS

1

概述

1.1 研究背景

自2008年以来，受国际金融危机影响，包括我国在内的全球各主要经济体的经济增长均陷入低迷，国际经济、政治环境愈加复杂，不确定性增加。我国作为处于经济转型升级阶段的发展中大国，随着经济增速的放缓，影响国内经济发展的矛盾也日益突出。2010年之后，我国经济面临着经济增长速度换档期、结构调整阵痛期、前期刺激政策消化期“三期叠加”的考验。此外，在金融领域，我国利率市场化进程不断推进，直接融资比例不断上升，互联网金融登上历史舞台。可以说，中国银行业面临着前所未有的严峻而复杂的外部环境，银行业的竞争日趋白热化。我国银行业经历了多年的持续快速增长，但物理网点扩张较少。随着银行营业收入增速的减缓，以及房租的不断上涨，考虑到成本节约方面的因素，银行业对网点租金成本进行控制的需求日益迫切，尤其是对于仍处在扩张期的股份制商业银行来说，如何实现低成本扩张以增加经营收益成为摆在其面前的重要课题。在此背景下，国内银行业迫切需要谋求转型来寻求突围，且各家商业银行业逐渐感受到金融改革浪潮所带来的冲击，在我国零售市场规模不断增大且其潜力不断被发掘的情况下，商业银行纷纷调整经营战略，将目光投向零售业务。

在我国银行业结构发展滞后、国内经济转型升级以及全球经济低迷的背景下，我国银行业对社区银行建设和发展的探索应运而生。

1.2 研究范围

社区银行（Community Bank）的概念来自于美国等金融业发

达的西方国家，其中的“社区”并不是一个严格界定的地理概念，既可以指一个省、一个市或一个县，也可以指城市或乡村居民的聚居区域。凡是资产规模较小、主要为经营区域内中小企业和居民家庭服务的地方性小型商业银行都可称为社区银行。在美国，社区银行是对资产总额小于10亿美元的小型商业银行的通称。根据美国独立社区银行协会（ICBA）的定义，社区银行是一种独立的、在一定区域内经营的金融机构，主要服务于中小企业和私人客户，其资产规模为数千万美元至数十亿美元。从广义上讲，大型银行在社区设立的、主要定位于为社区居民服务的银行网点也属于社区银行。

在我国，较早实践社区银行经营模式的是城市商业银行，全国性商业银行自2013年开始致力于社区银行建设。2005年，上海农商行、龙江银行大庆分行试点开办社区银行。为此，城商行专门注册了自己的社区银行标识，纷纷向广大社区居民宣传“因为您休息，所以我上班”的服务理念，业务开办范围包括存取款、转账、理财、贷款、缴费等，解决了大多数客户上班时间无暇前往银行办理业务的问题。为了与社区居民建立和谐融洽、相互信赖的伙伴关系，社区银行竭尽所能地提供各种便民服务：代送洗衣物、代售火车票、免费义诊等，并设立儿童游乐区、社区活动室、社区书吧、社区讲堂等活动场所，打造自身便民、惠民、富民的企业形象。据不完全统计，截至2013年末，全国社区支行网点数量达2500家之多。

本书所研究的社区银行指的是围绕社区个人客户、家庭客户和社区周边小微商户的经济行为展开，支持和参与社区正常运行的公共基础设施建设，能够给社区居民带来生活、消费、健康、休闲娱乐便利和促进居民就业的小微企业提供融资和金融服务，满足社区居民就业、创业、投资和财富管理等需求的机构。

社区银行的特色优势是给一定区域内的客户提供贴心、便利的服务，在时空距离上更贴近客户。社区银行就是凭借距离优势，能够在第一时间获得客户信息，了解客户需求，从而能够有的放矢，通过精准的市场定位与丰富的信息网络来满足客户的金融需求。同时，由于社区银行的规模普遍较小，从业人员较少，其建设成本相对于传统网点来说是比较低的。

1.3 研究方法

本书对社区银行的研究将采用如下研究方法。

一是文献研究法。本书从社区银行与经济发展、社区银行与借贷关系、社区银行与大型银行经营差异、社区银行的经营绩效与风险及社区银行发展趋势等五个方面对现有研究文献进行梳理和总结，分析其研究结论和存在的不足，为开展进一步研究奠定基础。

二是理论分析方法。本书基于银行效率理论，运用基本的概念模型，通过逻辑演绎的方式分析了社区银行对银行流动性管理效率、资产管理效率、负债管理效率以及风险管理效率的影响效应和作用机制，最后研究了社区银行发展对经济增长的推动作用。

三是实证分析方法。从定量角度看，本书首先通过基本的统计研究，描述和分析了兴业银行经营发展过程中的投入、产出以及经营绩效等基本状况，为后续的社区银行研究奠定基础。此外，本书还运用兴业银行社区银行的月度和年度数据，采用 DEA - Malmquist 指数分析法检验了兴业银行社区银行的效率变化，以增强理论分析的说服力。从经验分析的角度看，本书运用经验分析的实证方法分析了美国富国银行的成功经验。

四是案例研究法。本书以兴业银行社区银行作为具体研究案例，进行关于社区银行的许多理论研究和实践影响分析，通过兴业银行社区银行的效率分析总结和验证社区银行对银行业所产生的影响及其机制，通过实证分析了兴业银行社区银行资本收益率的影响因素，通过分析兴业银行核心竞争力阐释了如何构建银行的核心竞争力。

五是比较分析方法。本书分析了美国富国银行的成功经验，并与中国社区银行的发展进行对比，从而就如何发展中国社区银行提出了建议。

1.4 研究意义

我国金融结构是典型的银行主导型，银行业结构又是以大银行为主，同时由于我国改革开放以来实施工业化战略等历史原因，银行传统网点普遍立足于服务企业客户，选址普遍在主干街道和办公商业区，网点面积大、装修豪华，服务内容全面但流程烦琐。以上特点不仅与时下国家层面全面推进普惠金融的政策不匹配，也与当前的市场环境越来越不适应，主要体现在以下几个方面：一是随着我国银行零售业务比重的逐渐上升，各银行网点的企业金融业务量占比下降，而网点选址、营业时间依旧按照传统惯例进行实施和管理，均没有考虑到零售客户的需求特征，选址远离居民区，营业时间没有考虑到居民等零售客户的作息时间，从空间和时间上造成金融覆盖率不足的现象，增加了零售客户的交易成本；二是传统网点多处在地价昂贵的主要街区，租金逐年上涨，而由于受到利率市场化、互联网金融的冲击，银行的盈利空间逐渐压缩，网点的租金成本给银行带来了较大的经营压力；三是社区居民的个人财富在不断增长，他们对金融服务的需求日益迫切，但社区居民普遍缺乏相应的金融知识，他们需要更加贴心并值得信赖的金融服务，而银行的传统网点因为没有扎根社区，无法满足这一需求。

因此，“网点转型”成为国内商业银行面临的重要课题，而根据发达国家银行业发展的一些实践经验，社区银行能够较好地解决上述问题，并将给国内银行业乃至全社会带来以下几大变化。

一是可以有效解决金融覆盖率不足的问题。由于我国传统银行网点主要服务于企业等大型组织，因此网点布局较小，但建设成本较高。相对传统银行网点的选址和建设，单个社区银行租金便宜，规模较小，因此建设与扩张成本较低，以开设1家传统网点的成本能够开设5～6家社区支行，这便于商业银行进行低成本扩张。同样，因为规模较小和成本较低，社区支行如果经营不佳，其退出市场的成本也相对较低，而且由于单个支行在整体银行中的相对份额较少，其由于业绩不佳而退出市场对当地居民造成的影响也相对较小。因此，可以通过广泛地布局社区银行来快速有效地解决当前我国金融覆盖率不足的问题。此外，我国传统银行网点覆盖率不足还体现在以往所形成的社会信息网络存在缺陷，关于居民、家庭以及中小企业的信息收集不足，造成零售市场中存在严重的信息不对称，市场缺乏效率，而社区银行的发展可以从根本上弥补零售类信息的不足，提高市场运行效率。

二是可以改善居民的金融服务体验。传统银行网点的主要服务对象为企业等组织，其很大比例产品和服务的开发与设计是基于企业的需求特征来进行的，虽然也有部分零售金融产品和服务是专门针对居民的，但比例和规模相对较小，随着我国居民财富的不断积累和增长，这些产品和服务已无法满足居民现有的需求。我国城市商业区域的门面租金不断上涨，银行为了节约成本，有缩简其繁华商业区域经营网点的趋势，但并未增加居民社区金融网点的覆盖面，这给居民的金融服务体验增加了困难，提高了其交易成本；而社区银行凭借其区位优势、成本优势、信息优势以及社会网络优势，可以扎根于基层，对社区以及居民情况有全面的了解，能够很好地解决交易过程中产生的信息不对称问题，有效地针对零售客户需求特征改进和开发更多、更好的金融产品和服务。社区银行的发展大大降低了居民金融服务体验过程中的交易成本，提高了其所享受服务的质量。

三是有助于我国金融体系的完善。随着我国经济进入新常态，居民、家庭以及中小企业对于金融产品和服务的需求在品种、数量和质量上都发生了较大变化，但我国金融体系长期以来发展较为滞后，金融市场规模相对较小，金融产品与服务的品种单一，这也是我国金融体系不完善的原因之一。因此，目前我国金融市场上出现了结构性的供需失衡，现有的金融产品与服务无法满足迅速增长与变化的需求，不利于我国经济发展。一方面，居民财富面临投资渠道和收益有限的困境；另一方面，我国资本形成的速度和规模下降，会对我国经济增长产生消极的影响。发展社区银行则可以扩大银行体系的作用范围，构建更加全面和完善的银行体系网络，有助于提升银行体系的整体竞争力和金融服务效率，加速资本形成，提高金融体系的资源配置效率，并且推动优秀的零售银行快速发展，促进银行业整体的优胜劣汰，构建我国健康的金融生态圈。

四是有助于降低市场的整体风险，维护银行体系和实体经济的稳定。我国传统银行网点的主要客户是工商企业等大型企业，相对于居民、家庭以及中小企业，银行对大型企业进行信息收集、处理和甄别进而识别其风险较为容易，成本也较低，因此传统银行网点模式更适合银行控制来自大型企业的风险，而随着我国银行零售业务的发展以及居民财富的不断积累，金融市场中的风险结构发生了变化，并且由于零售客户比例的增加，银行中来自居民、家庭以及中小企业等零售客户的综合风险不断上升，迫切需要发展新的经营模式来进行零售客户风险管理。社区银行是典型的关系型银行，其在原有的银行网络基础上实现了进一步的深化和扩展。社区银行通过与零售客户建立长期、紧密的联系，能及时发现客户的财务状况、消费习惯、往来交易以及风险偏好等信息，突破信息不透明的障碍，进而提前预判风险，从而有助于解决市场中的逆向选择和道德风险问题，提高金融市场的资本配置效率。此外，社区银行利用其信息优势可以大大降低风险，维持银行业以及金融体系的平稳发展，这对于经济的稳定增长具有重要的意义。

基于上文关于传统银行困境以及社区银行优势的分析可知，发展社区银行是国内银行网点转型的重要突破口，而且国内多家银行也已在这一领域进行了积极的探索和尝试，这使我们对社区银行的研究不仅是可能的，也是必要的。本书的研究将为我国社区银行未来的发展提供有益的借鉴以及参考意义。

1.5 文献综述

社区银行在国内的发展和建设始于2013年，尚属于新生事物，但在美国等发达国家，社区银行的存在由来已久。下文将对国内外学者关于社区银行的已有研究进行梳理，以期为本书的研究提供有益的启示和借鉴。此外，目前许多研究更多地针对传统的单个社区银行进行，而并未就大型银行设在社区的分支机构进行大量研究，但二者在职能、业务方式和客户定位等方面具有很多共同的特点，其对银行业和经济社会的影响效应以及机制的发挥较为类似。因此，梳理和总结对传统社区银行的研究具有一定的必要性和借鉴性。下文将主要从社区银行与经济发展的视角、社区银行与借贷关系的视角、社区银行与大型银行经营差异的视角、社区银行的经营绩效与风险的视角及社区银行发展趋势的视角五个方面进行综述和分析，并且指出关于社区银行现有研究的不足及未来可能的研究方向。

1.5.1 社区银行与经济发展的相关研究

关于社区银行与经济增长，学者们从不同的视角进行了分析。基于特定行业视角，Keeton、Harvey、Wiuis（2003）实证分析了2002年美国社区银行对经济发展的贡献，发现社区银行在小社区及国家中部发挥着重要作用。杨蔚东等（2006）也得到了类似的结论，即社区银行的拓展促进了区域经济增长。社区银行是银行业在进行专业化的过程中产生的，其主要服务于社区、居民、家庭等零售客户，主要是通过银行与客户的长期关系来经营的，在这种情况下，社区银行在发放贷款时更倾向于选择与其有密切关系的、其更加了解的客户，而单一的社区银行规模较小，往往倾向于只服务于单一的区域或区域内的产业，所以社区银行的发展使得局部区域内的资金融通和周转效率提升，进而有助于区域内消费增长和资本的形成，最终推动区域经济增长。

基于宏观经济的视角，Hoenig（2003）认为社区银行的存在有助于美联储目标的完成，并且是货币政策执行的重要作用渠道，因而社区银行影响宏观经济政策的执行效果。宏观经济政策尤其是货币政策的实施需要通畅的传导渠道，其中之一就是通过影响居民和家庭等消费者的行为达到政策目的，社区银行将这些零售客户紧密嵌入整个国家的银行体系，使货币政策影响居民行为的通道更加顺畅，便于宏观政策的实施。此外，社区银行有助于中小企业解决融资约束等问题，可弥补我国国有金融机构暂时未拓展区域的服务空白，为中小企业及居民提供个性化服务（钟伟，2004）。钱水土、李国文（2006）从信用角度出发，认为社区银行有助于社会信用的改善。鉴于社区银行的区域特性，合作的中小企业间会自我监督以维护大家的共同利益，进而促进社会信用水平的提高。

从系统的实证角度出发，Berger、Hasan、Klapperd（2004）选

取了21个发达国家及28个发展中国家在1994～2000年的数据以研究社区银行与经济发展的关联，发现社区银行发达的国家有着较高的GDP增速、较高的银行效率及中小企业就业率。社区银行的发展需要完善的金融体系，社区银行发达国家的金融体系一般来说较为健全。相对于社区银行不发达国家，社区银行发达国家金融体系的分工较细，专业化程度较高，其银行体系的效率比社区银行不发达国家高。此外，由于社区银行专注于居民、家庭和中小企业等零售客户，所以在社区银行的支持下，社区银行发达国家中小企业的融资约束较小。社区银行不发达国家的金融体系往往不健全，社区银行发展不足，而传统银行对中小企业的支持又不足，所以呈现出社区银行发达国家中小企业发展旺盛，就业率高，而社区银行不发达国家中小企业的发展受到抑制，就业率低；而且，相对健全的金融体系也会促进经济增长，所以社区银行发达国家的经济增长率比社区银行不发达国家高。

1.5.2 社区银行与借贷关系的相关研究

一些学者们研究发现相较于传统大银行，社区银行在关系型借贷上存在比较优势。诸如，Bergen、Udell（1995）和Levonian、Soller（1995）认为社区银行比大型机构更倾向于向中小企业提供贷款。此观点得到了Peek、Rosengren（1996）及Berger（1998）的实证验证。其主要原因是社区银行由于其自身的规模特点，往往将居民、家庭和中小企业定位为自身的核心客户，与其保持较为良好的客户关系，对中小企业的经营状况较为了解，所以其更多的贷款是提供给中小企业的。Strahan、Weston（1998）认为中小企业贷款比率与银行并购规模间呈倒“U”形的函数关系，理由是在合并初期，银行抗风险的能力得到增强，可向小企业和个人提供较多的贷款，但随着银行并购规模的扩大，内部管理逐渐复杂，银行逐步有能力向大企业提供贷款，进而对小企业的贷款比率就会下降。Haynes 等（1999）通过比较发现，大银行大多为规模相对较大、生存年限相对较长且财务上较安全的小企业提供贷款。

Berger 等（1998，2001，2002）基于银行的组织结构及内部权力配置分析了小银行对关系型借贷的适用性，认为社区银行具备地域性特征和基于社区的社会网络优势，其信贷经理可通过长期与中小企业近距离接触来获得大银行难以获取或者获取成本较高的各种软信息，而这些软信息反映了中小企业的经营状况和发展前景等基本面，有利于社区银行根据这些信息进行贷款的发放；此外，社区银行的组织结构和激励机制与传统银行不同，其往往对信贷经理进行所有权激励，所以信贷经理更会努力收集和获取中小企业经营的软信息，进而相较于传统的大银行，社区银行在向信息不完全化的中小企业发放借贷时具有比较优势。J. Stein（2002），张捷（2002），Brickley、Linck 和 Smith（2003），Cole（2004）等的理论和实证研究亦得到了与之相一致的结论。

李志赟（2002）通过模型分析，认为在银行业高度垄断时，会产生信息不对称、交易成本高和抵押难等阻碍中小企业融资的障碍，这主要是因为在垄断的银行业中，银行主要服务于大型企业，加之中小企业披露不规范，信息收集成本高，因此银行对中小企业的信息收集不足，造成银行与中小企业间的信息不对称。此外，垄断银行规模较大，体系复杂，贷款的申请、审批程序繁复，对于贷款额相对较小的中小企业而言，其贷款交易成本较高；同时，对于中小企业而言，其可抵押资产规模较小，难以满足大银行的抵押贷款要求。综合以上因素可知，在高度垄断的银行业中，中小企业的贷款约束较大；而在分散化的金融结构中，诸如存在众多中小银行（社区银行），中小银行与中小企业间可以建立长期的合作关系，便于信息的收集，同时中小银行的业务程序相对简单灵活，交易成本更低，因此中小企业可从中小银行获得较好的金融服务，进而获得较为理想的信贷。

1.5.3 社区银行与大型银行经营差异的相关研究

从收入结构视角分析，De Young 等（2004）认为社区银行的非利息收入低于大型银行，并且研究发现社区银行的非利息资产收益率一般为0.67%～1.05%，主要为账户服务费用；而大银行的非利息资产收益率是2.49%，主要为资产证券化及保险与投资银行业务的服务费。由此可见，社区银行与大型银行的收入来源是不同的，这主要是因为社区银行与大型银行的融资结构和业务结构存在本质的差别：社区银行规模较小，业务范围较为单一，主要依靠服务于居民等零售客户来盈利，只提供一些简单的账户服务，所以其非利息资产收益率较低；而大型银行规模较大，业务范围较广，除了提供贷款服务外，其同时还进行证券投资和贷款等资产的证券化业务，甚至在一些欧洲发达国家，银行可以涉及所有金融业务，因此其非利息资产较多，收益率也较高。

从竞争方式上分析，一方面，社区银行获得核心存款的能力高于大型银行。Keeton、Harvey 和 Willils（2003）研究发现社区银行比大型银行更依赖零售和投保存款筹集的资金，因此其在服务和维护核心存款客户上的投入比例也更大，造成社区银行获得核心存款的能力较高。2002年末，大型社区银行的核心存款占其所有存款的比例为44%，中型社区银行的核心存款占其所有存款的比例为57%，小型社区银行的核心存款占其所有存款的比例为65%，而大型银行在这方面的比例仅为34%。由此可见，银行的核心存款占其所有存款的比例与其规模的大小成反比。另一方面，社区银行的服务费用较大型银行低。根据美联储报告（Federal Reserve Board，2003）的统计，在支票账户、可转让支付命令账户以及储蓄账户方面，小型银行可为银行客户节省 18% ~42% 的费用，中型银行可为银行客户节省 10% ~20% 的费用。

从规模视角分析，不同规模银行的规模经济与规模效益不等，社区银行在体制和管理方面有着大型机构所不具备的灵活性，规模较大的银行，其组织结构复杂，内部信息传递缓慢，制度执行繁复，造成其管理成本上升；而规模较小的银行，其组织结构简单，执行力相对较强，有利于降低管理成本。此外，由于规模较小的银行在市场中往往处于跟随者的地位，其可以直接模仿或引进规模较大银行的先进产品、服务、技术等，降低自身的研究或开发成本，因而其在技术上具有“后发优势”（高雷，1999；顾旋、刘都、刘炜，2000）。李文军和王振山（2000）认为多数社区银行的效率高于大型银行，运行状况较佳。梁立俊（2003）基于规模大小的优势，认为社区银行与大型银行面临的最优贷款数额有所不同，其分别对应着小额贷款市场与大额贷款市场。

1.5.4 社区银行的经营绩效与风险的相关研究

在规模和经营绩效方面，Benston（1965，1972）和 Bell、Murphy（1968）最先从银行成本的角度分析中小银行规模经济的问题。基于微观经济学规模经济理论，随着规模的不断扩大，银行的平均成本呈现先下降后上升的趋势，这主要是因为在规模较小时，生产经营存在规模经济，使其平均成本下降，而随着银行规模增大，其规模经济逐渐消失，转而出现规模不经济，使生产经营的平均成本逐渐上升。所以，根据基本的生产理论，银行规模的大小是影响其经营绩效的一个关键因素。对于这一理论结论，学者们观点不一，如 Berger（1995）认为银行规模不是银行盈利的前提条件，Roussakis（1997）认为经营绩效取决于有效管理即经营策略而非规模大小。然而，Ashton（2001）通过研究英国零售银行业在 1984 ~1997

年的经营绩效，发现规模较小的银行有着较高的规模经济，这一实证研究也间接证实了银行经营过程中存在规模经济。Keeton 等（2003）认为社区银行在以往的十年中，其经营绩效表现良好，呈现出增长的趋势。

在风险方面，社区银行由于其自身规模小，地域及服务对象有限，风险得不到适宜的分散，所以其面临的风险比大型银行要大（Neely and Wheelock，1997；Emmons，2004）。然而，Berger（1998）研究发现，地域多样化的合并不是社区银行能够有效分散风险的重要原因，该结论得到了 Meyer 和 Meager（2001）的验证，这主要是因为地域性限制并非社区银行风险增加的决定性因素，反而是其降低风险的前提，社区银行通过在区域内建立广泛的长期客户关系，充分利用其区域性所带来的便利性，以较低的成本收集、处理和甄别客户信息，在这种长期关系和充分信息的作用下，社区银行所面临的风险反而会降低。此外，社区银行可以通过在区域内使其资产尽可能多样化，来降低其所面临的风险，可见区域性的扩张并非社区银行降低风险的必要条件。Berger 和 De Young（2001）通过研究 7000 家银行，发现社区银行进行地域扩张时会产生较高的成本。这与社区银行的经营模式有关，相较于传统大型银行，社区银行组织结构简单，功能也较为单一，这也是社区银行经营的优势所在，但在区域扩张的过程中，这种简单的组织结构会带来很大的管理成本，而且社区银行经营的理念是基于区域性的特征开展业务，所以在扩张的过程中也无法完全复制已有的经验，这使得社区银行扩张的规模效应下降，增加了社区银行的经营成本。此外，Ergungor（2002）研究了 1996～2000 年间社区银行经风险调整的收益率的变动趋势，发现其与中小企业贷款比例的变动成反比。Carter、McNulty 和 Verbugge（2002）也得到了与之相一致的结论。

1.5.5 社区银行发展趋势的相关研究

多数学者进行了关于社区银行发展趋势的研究。例如，De Young等（2004）结合美国的情况，分析发现银行业的并购、技术进步、信息网络技术的发展及金融管制的放松将会使得单个社区银行的数目不断减少，该观点得到了Kenneth和Tim（2004）、康卫华（2005）的认可。单个社区银行虽然具有组织简单、功能专一和服务灵活等优点，但在银行业竞争日益激烈的当下，其并非社区银行最优的组织形式。首先，从银行经营惯例看，相对于单个社区银行，分支机构形式的社区银行具有更高的抗风险能力和规模经济，单个社区银行在进行风险管理时，只局限于单个的区域和客户，而分支机构形式的社区银行可以利用其总行的信息网络和产品优势，在更广的范围进行资产的配置，而且当某个分支机构出现经营亏损时，由于其只占整体银行规模的较小比例，所以对于整体银行不会产生较大影响，反而可以利用整体银行的资源，支持亏损的分支机构形式社区银行进行整改，重新实现盈利，因此分支机构形式的社区银行具有更高的抗风险能力。此外，现代社会技术发展迅速，信息技术的更新换代尤其日新月异，而且在银行投资当中，信息技术类的投资占有很大比例，所以单个社区银行这部分的投资较大而且频率较高，但由于信息技术类投资的特殊性，其扩展成本相对于初始投资而言会很低，所以分支机构形式的社区银行可以有较大的规模经济，平均成本较低，而单个社区银行由于其规模较小，不具有规模经济，成本相对较高。其次，从市场竞争看，单个社区银行与分支机构形式的社区银行相比，其成本较高，不具有成本优势，虽然其服务具有更大的灵活性，但其产品与服务的种类较为单一，只能满足居民基本的金融需求，而分支机构形式的社区银行可以依托其总行强大的产品实力，为客户提供更为丰富的产品选择，因此单个社区银行在产品方面也不具有完全的优势。此外，由于单个社区银行的区域性限制，当居民由于临时性的原因，需要在单个社区银行区域以外消费金融服务时，居民是无法得到满足的，而分支机构形式的社区银行由于其所在网络的广泛性，这种情况是不会发生的，这也会减少居民对于单个社区银行服务的需求。单个社区银行在市场中的竞争力不足，这也是其数目不断减少的原因。然而，Keeton 等（2003）认为特定客户的偏好，即其喜欢面对面服务的方式，使得一些特定社区银行有存在的必要性。Rauch 和 Hendrickson（2003）则从社区银行与大型银行对小企业放贷模式的视角分析，认为社区银行可依赖其独特的关系型借贷模式在市场中获得一席之地，此观点得到了 Emmons 等（2004）的认同。此外，Emmons 等（2004）还认为社区银行会面临一些挑战，比如成本、风险等。

1.5.6 关于社区银行相关文献的述评

综上所述，国外对社区银行的研究大致集中在社区银行与经济发展、社区银行与借贷关系、社区银行与大型银行经营差异、社区银行的经营绩效与风险及社区银行发展的趋势五个方面，而且学者们基于金融学、制度经济学及信息经济学等方面的原理，开拓了社区银行在信贷、规模扩张及经济发展等方面的若干理论，丰富了银行理论体系，对于我国社区银行发展建设具有重要的理论和实践指导意义。然而，社区银行是银行体系的一部分，国内外学者们对社区银行的研究多从金融功能、中小企业融资等方面出发，缺乏对社区银行发展条件、经济影响以及作用机制等问题的系统研究，因此需要从系统、整体的角度形成我国社区银行理论。国内外学者们对社区银行的研究关注的往往是社区银行的组织体系、经营机制、市场环境等方面，而这些条件在国外是其市场经济发展的事前条件，往往是研究的既定条件，因此国外对这些问题的研究相对较少，故针对此方面的研究对于我国完善金融体系、加快经济转型具有重要的意义。近年来，国内学者开始基于系统的角度研究社区银行的产生和发展，比如晏露蓉和林晓甫（2003）分析了中国社区银行的需求；王爱俭（2006）系统梳理了社区银行的理论；杨晔（2008）提出了我国社区银行的发展定位与核心竞争力构建；赵革（2008）从制度视角分析了中国社区银行；赵世勇和香伶（2010）、龙超和邓琨（2011）、陈一洪（2014）均基于美国社区银行的优势与经验为中国发展社区银行提出了相应的建议；苗萌萌（2013）基于 DEA－BCC 模型和 Malmquist 指数分析方法研究了金融脱媒背景下美国社区银行发展的路径及效率，但并未分析中国社区银行的情况。本书借鉴苗萌萌（2013）的分析方法，运用兴业银行社区银行的数据进行分析，为中国社区银行的发展提供借鉴。

2

我国社区银行发展及国际经验借鉴

2.1 我国社区银行的发展

我国社区银行的发展起步较晚，但近几年发展迅速。继2013年6月兴业银行获批在福建省开设第一家社区银行之后，民生银行也开始在全国“跑马圈地”，并提出要在三年内在全国设立超过1万家金融便利店。此外，光大银行、浦发银行、中信银行、平安银行、华夏银行等股份制银行均已采取积极态度。拥有地域优势的地方银行，如北京农商行、南京银行等地方银行也开设了社区银行网点，长沙银行宣布将设立100家社区支行。

2.1.1 我国社区银行网点建设数量对比分析

2013年末，《中国银监会办公厅关于中小商业银行设立社区支行、小微支行有关事项的通知》（银监办发〔2013〕277号）出台。2014年以来，我国社区银行的发展驶入快车道，各家商业银行纷纷布局社区银行。据中国银行业协会统计，截至2016年末，全国银行社区网点数量已经达到9356个，其中小微网点1258个，银行网点正在快速形成覆盖城乡、服务多元、方便快捷的网点布局体系。截至2016年末，民生银行、兴业银行、光大银行、平安银行、浦发银行在获得牌照并投入运营的社区支行数量方面排名前五位，分别为2176家、1031家、481家、423家、356家。从整体市场格局看，社区银行网点的开设还处于快速上升的初级阶段，预计会有较多银行进入该市场，其中民生银行和兴业银行占据市场主导地位，发展较快，但社区银行市场整体呈现出竞争增强的态势，详见图2-1。

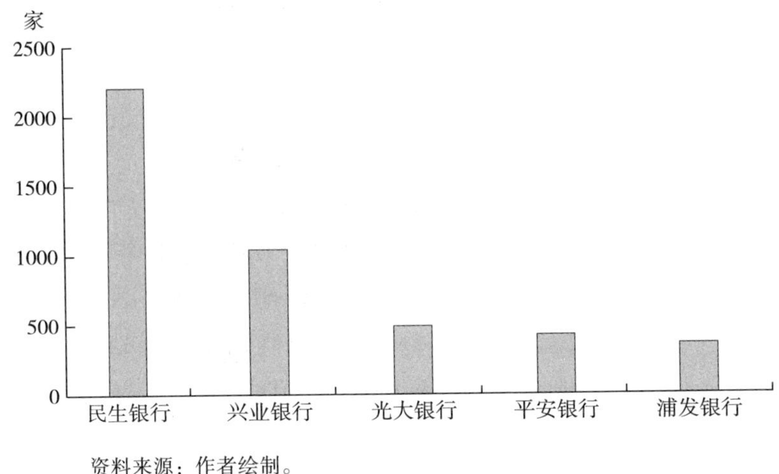

资料来源：作者绘制。

图 2-1　社区银行建设数量分布

2.1.2　我国社区银行经营情况分析

2.1.2.1　民生银行

“强力聚焦两小”是民生银行重要的战略定位之一。第一“小”指的是小微金融，是贷款额在 500 万元以下的小企业、小商户。第二“小”指的是小区金融，主要是指与地方政府联手打造的 1.5～2 平方公里的现代金融生活圈，以满足民众金融需求。2013 年初，民生银行启动小区金融试点，建设速度及数量一时独占鳌头，但民生银行社区支行大部分采用“自助银行 + 人”模式，并且在快速扩张的同时，其服务人员大部分是聘用的编外非正式员工。2013 年 12 月 13 日，《中国银监会办公厅关于中小商业银行设立社区支行、小微支行有关事项的通知》出台，规定“有人”的社区银行必须持牌，“无人”则必须 24 小时自助，不存在中间形态。该文件还提到，面向社会公众的银行网点应当持牌经营，不得将业务外包。同时，银监系统将对新设的社区支行、小微支行进行数量管理，从区域和机构两个维度进行科学规划，在审批时将注意当地总量控制以及各家银行之间的平衡。这意味着民生银行社区银行的发展进入调整期。

2.1.2.2 平安银行

2014年初，平安银行进军社区金融领域，率先在总行成立社区金融事业部，在组织架构上明确了社区银行的战略定位，事业部下设六个处室，分别在运营管理、考核培训、产品创设、互联网金融等多个方面统一规划布局，针对社区周边居民和商户设计综合产品解决方案，建立社区金融生活圈，批量带动社区财富客户增长。平安银行社区银行依托平安集团现有的银行、证券、基金、信托、养老险、车险、寿险、陆金所等综合金融平台，并加强外部合作，开拓非金融类产品，如与1号店、顺丰集团、中国电信、万达集团等开展合作，为社区居民打造便利的生活服务圈，为居民提供银行产品信息、客户权益信息、资产配置、理财融资咨询、金融风险提示、寿险咨询转介、产险咨询转介、集团其他子公司产品服务咨询、非金融便民服务等。通过金融和非金融的结合，平安银行社区银行更好地满足了社区居民各层级的产品及服务需求。其中，小微支行还配置了小企业客户经理，为小微企业客户提供一站式综合金融服务。

2.1.2.3 浦发银行

在其他商业银行进入社区金融领域的同时，浦发银行也积极布局社区银行，推动浦发银行“以客户为中心”的战略转型。其社区银行通过服务网点的下沉和延伸，以贴近式的家庭金融服务，满足客户需求，获得客户认同，不断提升社区客户占有率。同时，通过网点布局延伸，建立微型精品网点，释放有限的人力资源，降低网点经营成本。浦发银行社区银行广泛利用远程智能银行、移动营销平台、NFC手机等新型智能设备和创新技术，搭建金融服务平台，还特别设置了“便民增值服务区”，为社区居民提供诸如特约商户优惠、公共事业缴费、旅游留学咨询、票务代订等多项便民惠民服务，并不定期举办金融投资者教育、社区亲子及文体等活动，将社区网点打造成便利金融、实惠金融、社交金融、文化金融和科技金融的综合服务平台。

2.1.3 我国社区银行的特点

一是便民化。社区银行的服务核心以及宗旨是“便民”，通过创新经营模式，社区银行能够为居民等零售客户提供异于传统支行网点的便捷金融服务，如兴业银行的“错时服务”，与居民的作息时间更加契合。在某些地区，社区银行的营业时间均延迟至晚上 8 点，这使朝九晚五的上班族以及晚餐后散步的老人、家庭主妇可以更加从容地接受金融服务。国内社区银行在智能机具的开发和推广上也不遗余力，从而可以减少网点的人员配备，在业务操作上更多地依靠智能机具，如远程可视柜员机（VTM）、消费金融贷款机（VCM）、电子银行体验机、银联便民支付终端等，小区居民存款、取款、贷款、理财等基本的金融服务均可通过自助机具满足，操作十分便捷，网点工作人员主要提供咨询服务和个性化的服务。兴业银行部分网点还布设了兴业银行自主研发的盲人 ATM，提供语音导航服务和可触摸盲文功能，即便是视障人士，也可以在 ATM 上自己取款或查询账户信息。

二是个性化。在了解零售客户需求特征的基础上，很多社区银行专门为客户创设了专属产品，提供个性化的金融服务。例如，在信贷产品方面，兴业银行已推出专属的“社区贷”产品，专为社区居民和小微企业提供消费和经营贷款支持，相对于传统信贷，极大地降低居民和小微企业的贷款成本和交易成本，在理财产品方面，兴业银行创设了“社区银行专享理财产品”，丰富了居民的理财选择。同时，兴业银行推出了“社区管家”社区服务品牌，致力于帮助社区居民解决衣食住行等一揽子金融需求，包括物业费、停车费、水电费、煤气费等日常生活费用的代扣代缴功能。此外，兴业银行还专门设立了签证代传递中心，为客户提供代办个人旅游、探亲访友、商务等各类签证服务，减少客户奔波办证的时间与精力。以上这些针对零售客户的专业化产品和服务都是传统银行所无法供给或供给不足的，社区银行可以更好地满足居民等零售客户的个性化需求。

三是人性化。以往传统银行将工商企业作为服务的主要对象，对于居民等零售客户的服务供给明显不足，这也造成传统银行在居民心目中距离较远、不友好的印象。随着我国居民等消费者的消费体验逐渐成为决定产品成功与否的关键因素，以人为本的产品和服务理念成为市场经济的主流。国内社区银行一改传统银行网点的“高冷”服务形象，服务形象更加亲民，注重服务过程中客户所产生的满意度；此外，社区银行充分利用自身的区位优势和社会网络优势，与所在社区周边的街道、物业、居委会、社团等广泛合作，举办广场舞、才艺比赛、游园会等形式多样的联谊活动，组织健康义诊、慰问孤寡老人，举办财产保障、理财、儿童启蒙金融教育等专题讲座，义务宣传消费者权益保护、普及金融知识、提供免费法律咨询等，极大地增强了居民对银行的信赖感。

2.1.4 我国社区银行相对于传统银行网点的优势

随着国内社区银行建设的发展壮大，其作为新型网点也体现出了自身的优越性，与传统银行网点相比主要具有以下优势。

一是定位优势。传统的商业银行综合性支行多以服务大中型企业客户为主，并且产品设计和开放主要考虑大型企业组织的需求特征；而社区银行的目标客户群主要是社区居民、家庭和中小企业等零售客户，尽管可能存在一定重叠，但彼此各有侧重，不会形成功能上的冲突，这也符合现代经济社会的专业化分工原则，可以充分发挥社区银行在服务居民等零售客户方面的优势。同时，由于社区银行更加贴近居民，因此更容易获得认可。

二是信息优势。相较于社区银行，传统银行网点在收集、处理和甄别居民和家庭等零售客户信息时不具有成本优势，这与其传统物理网点的分布有关；但由于社区银行更贴近社区，具有区位优势和社会网络优势，可以用较低的成本获得社区居民等零售客户的信息，因此社区银行网点对社区居民的生活习惯、消费需求、风险偏好以及业务需求更加了解，更能够有针对性地提供符合这些零售客户需求的服务和产品，并且进行相应的风险管理。

三是服务优势。由于社区银行网点的布局主要是以社区等居民聚居地为单位，主要提供居民等零售客户所必需的一些基本金融服务，其功能简单，组织结构趋于扁平化，所以社区银行具备“小”“快”“灵”的特点，其在经营和服务客户时更加灵活，这种服务优势可以使其更好地满足居民多样化的需求。比如，可根据社区居民的作息特点实行弹性工作制、对社区内的家庭客户提供上门服务、针对小区居民提供适合其特点的金融普及教育等。相对于大型传统支行网点，社区银行更具备服务优势。

2.2 兴业银行社区银行发展分析

兴业银行社区银行的建设和发展在国内银行中独具特色，无论经营效果还是合规性均在同业中走在前列。下文将以较大比例篇幅详细分析兴业银行社区银行的发展历程、经营现状以及存在的问题，为读者提供借鉴和思考。

2.2.1 兴业银行社区银行建设概况

兴业银行自2013年开始探索建设社区银行。2013年6月，国内首家股份制银行社区支行——兴业银行福州联邦广场社区支行成立，标志着兴业银行成为国内社区银行发展领域“第一个吃螃蟹”的银行。2013～2014 年，兴业银行开始大规模建设社区支行。2014 年末，兴业银行社区支行数量已经超过了兴业银行传统网点数量，一年的网点扩张数量相当于兴业银行此前 25 年的总和。2015 年之后，兴业银行将社区银行发展的重心由数量和区域的扩张转移到了提升已有网点经营质量和服务上，标志着兴业银行社区银行从外延式扩张转为内涵式扩张，至此经营效果逐步显现。从 2016 年的业绩来看，社区银行已贡献了兴业银行零售业务 17% 的营业收入，并且该比重呈现出不断上升的趋势。

2.2.2 兴业银行社区银行建设目标

一是弥补物理网点不足，优化网点布局。兴业银行发展社区银行的首要目的是扩大网点覆盖范围，优化网点布局，扫除传统金融服务盲点，持续推进业务重心、客户重心下沉，服务实体经济以及普惠金融。

二是实现业务的低成本扩张。兴业银行运用大量科技手段，加快业务集约化管理和智能化机具布设，有效减少了人员使用，点均配备人员 3 人，是传统网点的 1/5；点均面积 92 平方米，点均运营成本约 100 万元，约为传统网点的 1/7。

三是不断夯实和扩大核心客户基础。兴业银行一方面不断发挥自身金融专业能力，另一方面通过各种非金融增值服务，不断增强客户黏度，提升品牌价值与知名度，并不断挖掘、提升客户贡献度，将优质客户不断输送至传统网点，不断夯实和扩大核心客户基础。

四是探索专业化金融服务，满足客户融资需求。兴业银行借鉴富国银行的经验，关注客户细节，对客户进行差异化服务，利用线上大数据、线下软信息的双重风控体系，创新消费类信贷等特色金融产品，满足客户的融资需求。

2.2.3 兴业银行社区银行定位

兴业银行社区银行将自己定位为能够为社区居民提供各类金融服务的小型银行零售网点。兴业银行社区银行立足社区，利用地缘优势，让员工抓住每一个与客户交流的“接触点”，通过精细化的沙盘管理，了解客户的真正需求，向客户提供综合化金融服务方案。

2.2.4 兴业银行社区银行基本分类

兴业银行社区银行按功能定位分为全能型社区银行①、简便型社区银行、小微支行。

全能型社区银行立足社区，为城乡居民和其他经济组织提供包含人工现金服务在内的便民金融服务。部分符合社区支行建设标准的兴业银行小型零售支行网点，仍纳入社区支行进行管理，称“全能型社区支行”，对外挂牌传统支行，以满足北方地区分行和商圈型社区支行的现金业务需求。

简便型社区银行是指立足社区，为城乡居民、小微企业和其他经济组织提供除人工现金服务外的便民金融服务的小型服务网点。

小微支行是指立足社区，侧重于小微企业信贷咨询及授信业务，为城乡居民、小微企业和商圈、批发市场、产业园区等其他经济组织提供相关业务咨询、代缴费、自助存取款、小微企业信贷及相关业务咨询、个人融资业务受理等便民金融服务的支行网点（如未单独阐述，本书中小微支行的相关业务管理规定同简便型社区银行）。

截至2016年6月末，全行共开业社区银行1031家，其中全能型社区支行网点32家，占3%，主要分布在北方地区；小微支行8家，

① 谈到业态的时候，表述为“全能型社区银行”；谈到单个物理网点的时候，表述为“全能型社区支行”。其余表述以此类推。

占1%；其余均为简便型社区支行，占96%（见图2-2），表明社区银行的拓展形态以简便型社区银行为主，辅以全能型社区银行和小微支行，而且也说明从功能和规模两个角度考虑，简便型社区银行是更适合社区银行的发展模式。

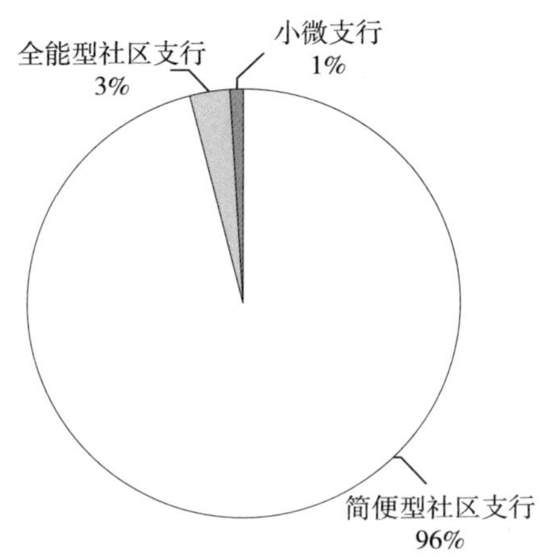

资料来源：作者绘制。

图2-2 社区支行功能分类

兴业银行社区支行按照业务定位分为社区型社区支行、专业市场型社区支行、大学城型社区支行。

目前，社区型社区支行和商圈型社区支行没有严格意义上的区分，全行除去56家专业市场型社区支行、7家大学城型社区支行以外，其余社区支行均服务于周边社区和商圈（见图2-3）。从社区银行业务分类看，其主要将零售客户分为三类：居民和家庭、中小企业、学区居民。其中，社区银行以社区型社区支行为主，表明兴业银行将居民和家庭作为零售客户的核心，中小企业次之，而由于大学城主要是学生聚居的地方，所以兴业银行将学区居民作为一种特殊的零售客户进行定位和服务。

2.2.5 兴业银行社区银行组织管理架构

兴业银行十分重视社区银行的发展，专门成立了相应的统筹协

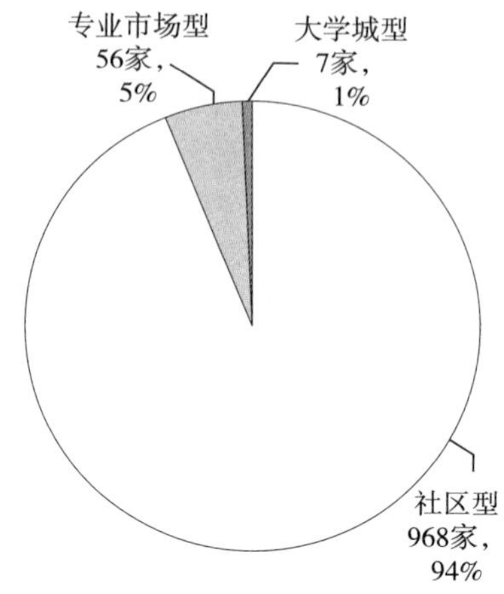

资料来源：作者绘制。

图2-3 社区支行业务分类

调机构，以确保各项工作的落实。

2.2.5.1 总行层面

兴业银行为加强社区银行建设工作的组织领导和推动落实，确保社区银行建设工作的顺利进行，专门成立了总行社区银行建设管理委员会，主要负责社区银行建设的统筹规划、监管机构市场准入协调、财务资源配置、VI形象和网点装修规范的统一、系统开发建设与管理、生产设备的选型及配置等。该委员会下设社区银行建设办公室（简称社区办），由成员部门相关人员组成，专职负责全行社区银行经营管理和各领导小组与工作小组的沟通协调工作。

2.2.5.2 分行层面

兴业银行社区银行组织管理总体上采取总行、分行、支行三级管理模式。兴业银行要求10家（含）以上社区支行的分行设立社区银行运营管理办公室，由分管零售条线的分行领导担任主任，并在零售事业部下设立专门的社区支行运营管理机构和岗位。

目前，兴业银行分行层面的社区银行管理模式主要分为统筹管理模式和协助管理模式两类。

在统筹管理模式下，分行社区办能够统筹管理社区银行的财务费用、人力资源配置、服务平台搭建、系列活动组织策划等工作。采用该模式管理的分行管理的社区支行一般较多，目前来看，这类社区支行的经营业绩也普遍较好。

在协助管理模式下，社区办隶属于渠道部，主要负责社区银行活动统一策划、业务指导落地等工作，对于社区支行考核、财务资源配置没有实际管控权。采用该模式的分行管理的社区支行一般较少，经营业绩一般也较为逊色。

一般来说，社区支行运营情况好坏与社区办的组织架构有关，也与社区支行负责人的经验、业务素质有很大的关系。兴业银行社区银行统筹管理模式组织管理架构详见图 2－4。

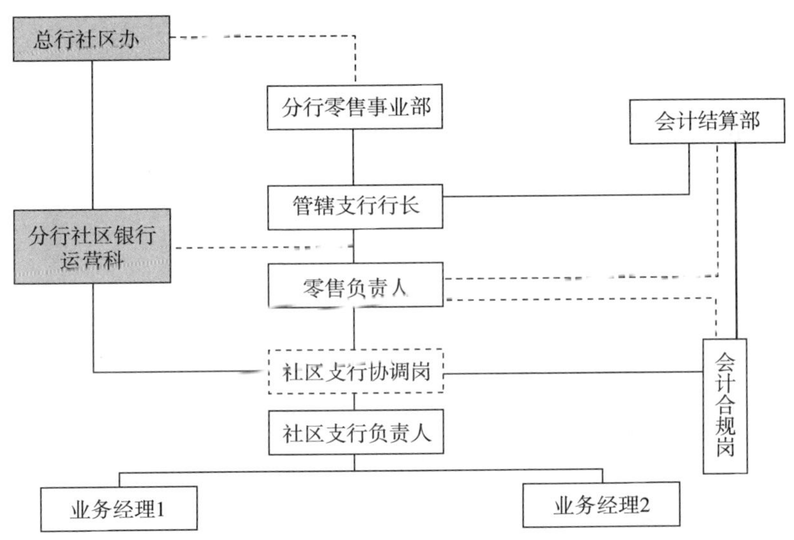

资料来源：作者绘制。

图 2－4　兴业银行社区银行组织管理架构

2.2.6 兴业银行社区银行的经营业绩

截至2016年12月末，兴业银行共开设了1031家社区支行，经过近三年的经营发展，已经取得了较为明显的经营效益。

从经营规模来看，截至2016年末，兴业银行社区银行综合金融资产余额1680亿元，点均1.6亿元；个人存款余额288亿元，储蓄存款250亿元，点均2424万元；贷款余额600亿元，点均贷款余额5800万元，客户300万户。从2015年第二季度开始，社区银行贷款业务发展迅速，贷款品种主要集中于风险较小的一手、二手住房按揭贷款和抵押类消费贷款。代理类产品销售的发展势头也颇为可观，2016年，兴业银行社区银行销售保险200亿元，基金267亿元，贵金属0.5亿元。以上数据表明目前我国居民等零售客户的金融需求规模较大，尤其是不动产贷款和消费贷款需求旺盛。此外，代理类产品的需求量也较大，反映了居民的财富以及相应理财需求的增长（见图2-5）。

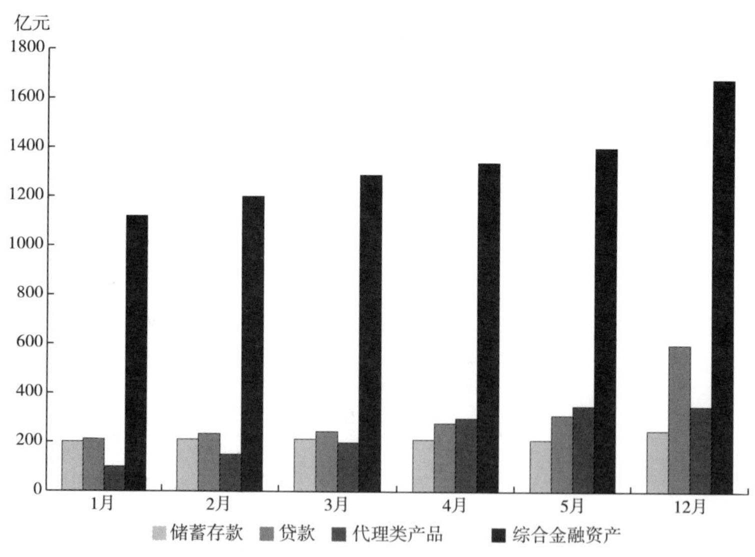

资料来源：作者绘制。

图2-5 2016年兴业银行社区银行业绩发展规模

从盈利情况来看，截至2016年末，兴业银行社区银行实现净营运收入①35.3亿元，其中生息资产利息收入9亿元，占25%；付息负债利息收入8.48亿元，占24%；常规理财中间业务收入5.72亿元，占29%；代理类产品实现中间业务收入7.6亿元，占净营运收入的21.5%；消费金融贷款余额25亿元，收入3亿元；信用卡发卡35万张，模拟收入1.5亿元（见图2－6）。上述数据表明社区银行的主要收入来源为生息资产，这符合其以传统信贷为主的特征。此外，理财类产品收入居第二位，进一步反映了我国居民的理财需求，未来这是社区银行需要深化和强化的业务板块。

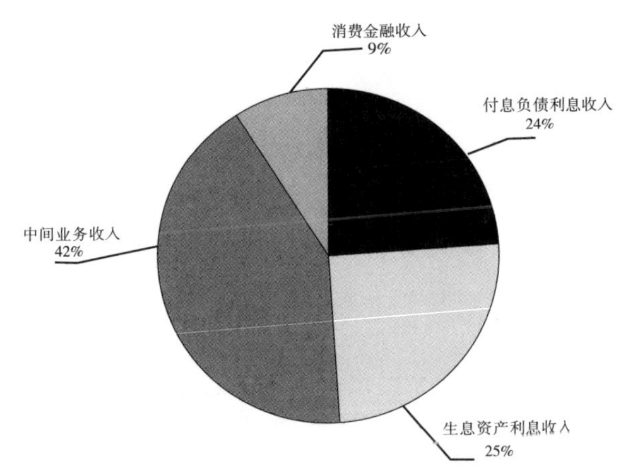

资料来源：作者绘制。

图2－6　社区银行净营运收入结构

点均产能方面，截至2016年末，兴业银行社区银行平均开业时间2.5年，点均运营成本约100万元，较2015年提升5%，约为传统网点的1/7，点均面积92平方米；截至2016年末，兴业银行社区银行点均净营运收入348万元，已经实现盈利的网点879家，占全行社区银行的85%。

① 净营运收入＝资产业务收入＋负债业务收入＋中间业务收入。

运营成本以及网点规模也可以反映出社区银行“小”和“灵”的特点。

人均产能方面，截至2016年末，兴业银行点均人数约是传统网点的1/6，人均综合金融资产规模5300万元，人均贷款余额约2000万元。

从客户发展情况看，截至2016年末，兴业银行社区银行客户达300万户（见图2－7），新客户占76%，户均持有产品数2.21个。三年之内，社区银行的客户规模达300多万户，表明我国银行零售客户市场具有巨大的潜力，同时新客户的增长比例也反映出居民、家庭等金融需求的增长之快。

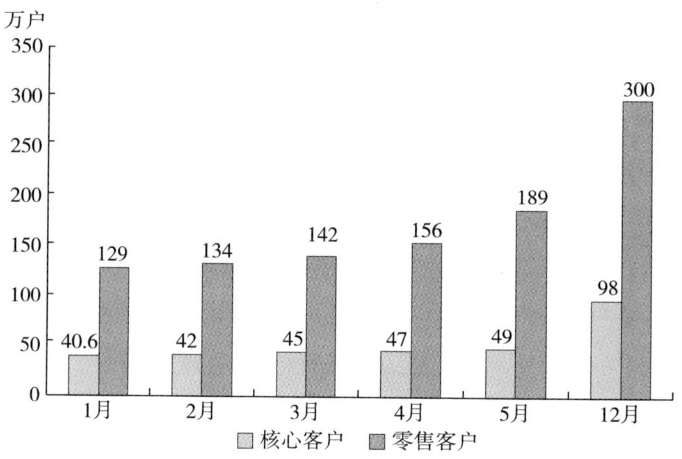

资料来源：作者绘制。

图2－7　2016年兴业银行社区银行客户发展情况

从客户贡献来看，截至2016年末，兴业银行社区银行户均综合金融资产余额5.6万元，其中，户均个人存款余额1.23万元。社区银行个人客户户均综合金融资产约为兴业银行传统支行客户的3倍，贡献度较高（见图2－8）。这反映出传统银行网点的产品和服务往往无法满足居民等零售客户的需求，而社区银行的产品与服务基于零售客户的具体特征进行开发和设计，比较受零售居民青睐。

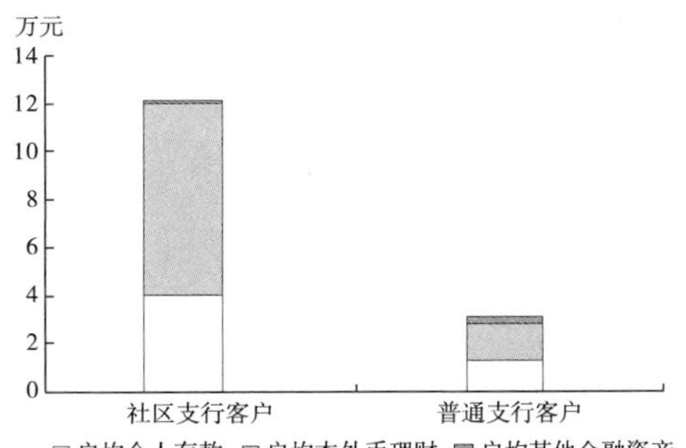

资料来源：作者绘制。

图 2－8　社区银行客户户均贡献与传统支行对比

2.2.7　兴业银行社区银行发展规模分析

2.2.7.1　建设规模

截至 2016 年末，兴业银行已建成社区支行 1031 家，其中成都分行数量最多，达 92 家。由图 2－9 可知，兴业银行的社区支行主要开设在东部沿海以及部分中部地区，主要集中在各省的省会城市，这主要是因为各省会城市的人口比较集中，而且社区规模较大，聚居人口较多，比较适合社区银行进驻。

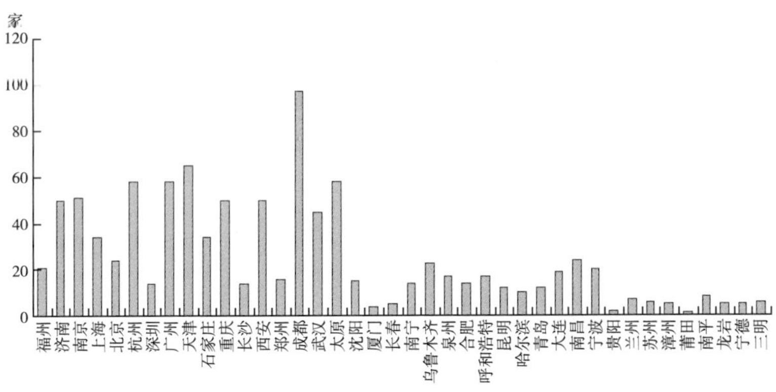

资料来源：作者绘制。

图 2－9　兴业银行各分行社区银行建设分布

2.2.7.2 人员配置

理论上，兴业银行社区银行没有按照柜员、大堂、理财经理、客户经理等细分工作岗位，每个社区支行只设立社区支行行长和业务经理两个岗位，全能型社区支行配备柜员。兴业银行社区银行按照岗位类别的分类情况见表2－1。社区银行扁平化的组织结构也可以反映出其服务的灵活性，服务居民的过程中程式化的流程已经全部简化，只需要简单的业务操作即可完成，大大降低了居民的交易成本。

表2－1　　　　兴业银行社区银行岗位类别

功能类型	岗位类别		
全能型	社区支行行长	柜员	业务经理
简便性	社区支行行长	业务经理	机动人员

资料来源：作者编制。

截至2016年末，兴业银行社区支行开业1031家，员工合计3093人（含柜员567人），点均配备3人。从年龄构成来看，30岁（含）以下的社区支行负责人493人，占比接近一半；普通员工平均年龄25岁，员工队伍总体较为年轻化，原因是社区银行产品比较标准，不需要员工有太多经验。

2.2.8 兴业银行社区银行投入产出情况

2.2.8.1 成本投入情况

根据兴业银行的测算，兴业银行社区银行第一年单点平均总成本投入约109万元，第二年以后年化运营成本约95万元。其中，场地成本、装修分摊和人员薪酬为主要的成本因素，场地成本、人员薪酬逐年递增，装修费用分摊、安防折旧、资金占用等成本相对固定（见表2－2）。短期来看，每年的资本性支出多于运营成本，资本性支出较为稳定，运营成本变化较大，社区银行提升其经营绩效的突破口应集中于降低运营成本。

表 2 – 2　　兴业银行单点社区支行成本投入情况　　单位：万元

<table>
<tr><th colspan="3" rowspan="2">项目</th><th colspan="2"></th></tr>
<tr><th>第一年</th><th>第二年以后</th></tr>
<tr><td rowspan="10">成本</td><td rowspan="3">资本性支出</td><td>机具设备</td><td>53</td><td>53</td></tr>
<tr><td>装修</td><td>36</td><td>36</td></tr>
<tr><td>折旧</td><td>18</td><td>18</td></tr>
<tr><td rowspan="6">运营成本</td><td>场地费用</td><td>26</td><td>30</td></tr>
<tr><td>开门费用</td><td>10</td><td>5</td></tr>
<tr><td>人员费用</td><td>43</td><td>35</td></tr>
<tr><td>营销费用</td><td>12</td><td>5</td></tr>
<tr><td>其他费用</td><td>1</td><td>2</td></tr>
<tr><td>小计</td><td>92</td><td>77</td></tr>
<tr><td colspan="2">折旧 + 运营成本合计</td><td>110</td><td>95</td></tr>
</table>

资料来源：作者编制。

与之相比，根据计算，传统网点成本约 760 万元，约为社区支行单点成本投入的 7 倍，详见表 2 – 3。其中，人力成本是最主要的支出，约为社区支行的 5 倍；其次为营业厅成本。此外，差距最大的是营销费用，为社区支行的 9 倍多；其次是开门费用，约为社区支行的 8 倍。这表明从传统银行到社区支行，节约成本最大的是营销费用和开门费用，其他成本并未同规模一样呈现出较大比例的下降。这可能是因为这些成本对规模变化缺乏弹性。

表 2 – 3　　兴业银行传统支行点均成本投入测算　　单位：万元

项目	2015 年点均	2016 年点均
营业厅成本	208	229
办公区域场地成本	68	70
开门费用	84	93

续表

人力成本	210	231
项目	2015 年点均	2016 年点均
营销费用	109	109
其他资产折旧	29	30
合计	708	762

资料来源：作者编制。

2.2.8.2 产出情况

截至 2014 年末，兴业银行单点社区支行第一年日均储蓄存款 2000 万元，日均个人贷款 800 万元，日均理财产品余额 5000 万元。净营运收入约 75 万元，亏损约 31 万元。

截至 2015 年末，兴业银行社区支行单点平均净营运收入 100 万元，较 2014 年增长 33%，2016 年 6 月末实现净营运收入 200 万元，年末达到 370 万元，较 2015 年末增长 270%，三年平均增长 150%。2016 年末，兴业银行社区银行总净营运收入达到 35.3 亿元。

2.2.9 兴业银行社区银行运营模式分析

2.2.9.1 总体思路

兴业银行的社区银行主要围绕“网点轻型化，产能最大化”，不断深化内涵，求变创新，严控网点建设成本，扎根社区，精耕细作，利用平台化经营策略，从经营理念、制度体系、产品流程、服务标准、营销模式、团队建设等多个方面创建新型的运营模式。其经营思路主要有以下几个方面。

一是搭建平台。兴业银行根据总行、分行、支行各层级机构的资源优势，大力拓展社区商户，通过金融服务商户、商户带动客户、客户回归金融的闭环式商业模式，搭建社区金融服务平台。通过这一平台，兴业银行社区银行在线下营销、拓展社区及其周边1.5公里范围内商户，在线上辐射社区周边5公里范围内商户。

二是组建商圈联盟。兴业银行在了解周边商户金融需求的基础上，为商户提供授信、代发工资、结算、财富增值管理等服务，在此基础上组建商圈联盟，使社区银行成为周边商户体验式销售的枢纽和客户流量入口，从而不断提升服务的广度和深度，拓宽社区支行盈利渠道。

三是客户精细化管理。兴业银行社区银行员工通过与客户的零距离接触，充分了解客户信息和行为习惯，在此基础上通过大数据对客户进行细分，为不同层级客户配置与其需求相匹配的金融服务，实现高效的客户经营和管理。

四是探索线上、线下互通。兴业银行正在研发社区银行线上平台，该平台上线后将与线下网点实现信息互通，从而提高经营效率和服务体验，详见图2-10。

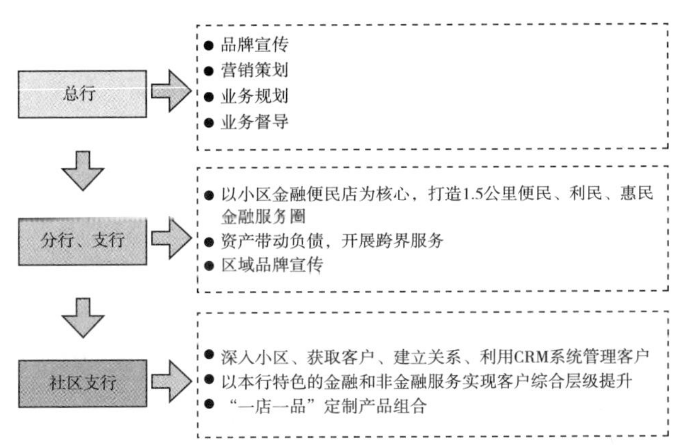

资料来源：作者绘制。

图2-10　兴业银行社区银行运营模式

2.2.9.2　各分支机构运营情况

截至2016年末，兴业银行社区银行总体实现净营运收入35.3亿元，点均净营运收入348万元。净营运收入达到300万元以上的社区银行 366 家，达到 200 万元以上的社区银行 567 家。

整体运营情况详见图 2－11。

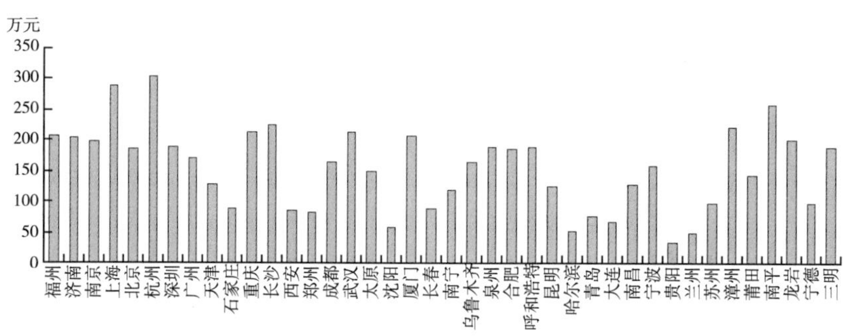

资料来源：作者绘制。

图 2－11　整体运营情况

从分布情况来看，兴业银行社区银行主要分布在经济发达地区；从利润贡献来看，上海、杭州、成都等地的点均净营运收入较高，利润贡献也较大。

2.2.10　兴业银行社区银行的经济效益和社会效益

兴业银行通过构建广泛的、贴近目标客户群的社区银行服务网络，实现了网点布局优化，探索实践了零售业务低成本扩张模式。社区银行发展的经验和做法已经应用到兴业银行传统网点，并取得了一定的成效。

2.2.10.1　基于兴业银行自身效应分析

一是实现业务的低成本扩张。兴业银行社区银行建设始终坚持低成本扩张。建设初期，兴业银行对社区银行的选点面积、装修标准、人员配置、自助机具购置、办公家具采购等方面都有明确规范，严格控制成本。基于微观成本理论，从单个网点的经营来看，为实现其利润最大化，其规模的确定需要使短期成本与长期成本相等，从长期来看社区银行网点就达到了最优规模。目前，随着居民等零售客户金融需求的增加，银行所面对的市场约束发生了改变，为了重新实现利润最大化，传统的网点规模已不是最优，从长期来看无法实现最小成本，而社区银行网点小规模扩张，通过调整单个网点的规模，能够实现长期的最小成本。从目前的投入情况来看，单个社区银行年平均成本投入约为95万元。

二是优化劳动组合，提高员工使用效率。兴业银行社区银行改变了传统网点多岗位、长链条分工组合形式，社区银行员工一岗多能，每个人既是服务人员，也是销售人员，从而提高了员工使用效率，释放了员工的主观能动性和潜力。社区银行一岗多能的实践也应用到兴业银行在全行开展的营业厅劳动组织模式改革当中。这得益于单个社区银行扁平化的组织结构，一方面，简化的组织结构使社区银行员工扩展了其职能范围，相较于传统银行网点员工，社区银行员工的工作范围增加，在劳动时间既定的情况下，其劳动效率也会增加；另一方面，社区银行单个网点结构简单也给其管理带了很大的灵活性，在员工之间没有明确的职能界限，或者不同职能员工之间的协调较为便利，这就使整个支行的管理机动灵活，可以减少管理成本，增加员工的工作效率。

三是高效推进集约化、智能化服务应用。兴业银行社区银行在加快业务集约化管理和智能化机具布设、减少人员依赖上的探索卓有成效。兴业银行通过远程授权系统开发，实施柜面服务集约化管理，减少对传统分散式授权人员的依赖。金融自助通（自助发卡机）、流动银行、金融POS等产品率先进入社区银行的营销阵地。大量智能化机具的布设改变了传统网点业务增长主要依靠人力的状况，随着智能自助机具的不断开发和升级，未来智能自助机具将更加有效地替代人力，从而不断降低人力成本。据统计，截至2015年末，兴业银行所有社区支行均安装了金融自助通，合计办理发卡 156 万张，占全行社区支行发卡总量的 50%；通过金融自助通、手机银行、直销银行销售理财产品的金额达 75.4 亿元，占社区银行理财产品销售总额的 58%。兴业银行通过流动银行展业终端，拓展社区、商圈商户 1.2 万户，占社区银行商户拓展量的 8%。智能化首先在社区银行普及，取得良好成效之后又推广至传统网点，大大提高了服务效率。

四是提升客户服务体验。兴业银行社区银行全面实行低柜服务，为客户提供面对面的服务，通过视觉上的平等对话，加强了与客户交流的友好度，改善了客户服务体验。为配合社区业务开展，同时考虑到居民等零售客户的需求特征，兴业银行在社区银行率先尝试简化、优化业务交易授权，并不断扩展业务操作权限，对填单、挂失补卡等传统业务更改烦琐流程和规则，使操作更为人性化。业务流程的精简为客户带来了便利，降低了客户的交易成本，也提高了客户办理业务的效率。此外，社区银行将社区贷和信贷工厂相结合，强化社区客户软数据的采集、处理和甄别，并简化信贷办理流程，因地制宜地开展代收物业费、代收包裹、儿童游乐车等非金融服务，提高客户服务满意度。

五是培育零售团队。兴业银行实施社区银行战略以后，由于其运营模式释放了员工的积极性，激发了员工的创业热情，在兴业银行零售条线形成了良好氛围。同时，社区银行负责人的岗位培养了大批零售管理者，为兴业银行零售条线储备了大量经营管理人才。兴业银行零售队伍的活力在不断激发，团队也在社区支行得到了锻炼。

2.2.10.2　基于社会效应分析

兴业银行社区银行深入社区，为社区居民和商户带来了实惠和便利，做了大量的公益性活动，如开展金融知识宣传、老年客户关爱活动、生活圈服务等生活中介服务，打破了居民关于传统银行“高高在上”的惯性思维，以便民惠民的服务，在社会公众间不断传播正能量，受到了所在社区街道和社会各界的一致好评，监管机构对此也给予高度认同，为兴业银行创造了良好的口碑，提升了兴业银行的品牌形象和社会影响力。截至2016年末，兴业银行社区银行共举办金融知识和反假币讲座41056场次、防金融诈骗讲座35125场次；开展小区居民共建、老年客户关爱活动29887场次，生活圈服务等便民生活服务每周3次，全年数百场次；开展“财富管家”微沙龙8968场次，参与活动的客户逾35万人次；开展优惠惠民活动、内购会3565场次，参与客户逾150万人次；设立环卫工人休息站点51个，2016年新增服务站点208个，爱心捐赠站达500个。

2014年4月，新华社编发的内参专门报道《兴业银行亲民贴心服务模式受欢迎》；6月，中央电视台财经频道专门报道兴业银行社区银行服务，高度肯定了兴业银行社区银行普惠金融服务模式。2015年5月，兴业银行荣获《亚洲银行家》“中国最佳零售银行网点创新奖”，在民生银行、平安银行等诸多同类社区银行共同角逐奖项的竞争压力下，兴业银行社区银行以革命性地创新银行服务形态、独创型网络化智慧社区发展战略和智能化地创新运营模式而获此殊荣，得到了评奖机构的认可与赞誉。

2.2.11 面临的主要问题

本书以兴业银行为样本解析了国内社区银行的运营模式和发展状况。短短几年，社区银行已经在我国落地生根并蓬勃发展，但在探索的过程中，不可避免地存在很多问题，比如经营模式创新不多，服务、产品同质化现象比较普遍。兴业银行在差异化方面取得了一些突破，总体来说经营效果比较显著。兴业银行在社区银行经营管理方面的问题主要体现在以下几个方面。

一是顶层设计不够完善。社区银行建设是一项战略性的系统工程，发展社区银行不仅需要创新服务理念和产品，还需要解决人员配置、考核规划、费用落地、政策实施等问题。因此，社区银行的工作需要由专门的部门管理，而兴业银行目前的社区银行组织架构中，总行社区银行建设办公室属于协调机构，并不具备管辖权，因此很难确保总行对社区支行的各项激励、考核政策顺利落地。同时，兴业银行各分行的社区银行建设和发展参差不齐，部分分行的社区银行发展缓慢，影响了兴业银行社区银行潜力的释放。

二是产品和服务差异化仍然不够。兴业银行虽然很重视产品和服务的差异化，但仍然以理财产品销售为主。在资产业务方面，从目前来看，信贷产品的针对性不强，虽然推出了一些融资产品，但真正适应各种新型组织和中小型经济主体资产特点的创新产品不多，金融服务没有摆脱同质化竞争。

三是人力资源的专业化程度不够。目前，社区银行员工普遍年轻，从业时间短，客户维护、业务操作、营销等经验比较缺乏。由于社区银行是试验田，很多机构和个人对社区银行持观望态度，很多分行没有将业务骨干派往社区银行。总体来说，社区银行工作人员的专业化水平普遍低于传统网点。

2.3 美国富国银行的成功经验借鉴

美国是世界上社区银行发展最为充分的国家。美国迄今有近8000家社区银行，占全美银行总数的比重超过95%。近年来，社区银行由于在国际金融危机中的表现优于大银行而受到广泛关注。统计显示，在国际金融危机中，美国55%的社区银行由于大银行客户转移而新增了存款，只有17%出现下降；57%的社区银行新增个人客户数量的速度增快，47%的社区银行新增公司客户数量明显上升；40%的社区银行继续增加放贷，只有11%的社区银行的放贷能力受到了国际金融危机的冲击。

富国银行（Wells Fargo）是美国较为成功的社区银行之一。富国银行的市值居美国商业银行第一位；按资产排名，为美国第四大银行。富国银行在社区银行、小微企业贷款、住房抵押贷款等方面位列全美第一，是美国第四大财富管理机构，管理着1.3万亿美元的资产。社区银行是富国银行的核心，近年来社区银行为富国银行贡献了60%左右的利润。富国银行在社区银行经营和发展方面的经验值得我们认真学习和借鉴。

2.3.1 美国富国银行概况

富国银行总部位于加利福尼亚州旧金山市，是一家立足美国本土、以社区银行业务为特色的传统商业银行。富国银行长期以来享有良好的信誉，而且一直是美国盈利较多、效率较高的银行之一，在起伏不定的银行业里，富国银行成为业绩稳定的典范，也堪称全球最佳银行。截至2014年末，富国银行资产总额1.69万亿美元，雇员总数超过30万人，其中零售条线人员10.5万人；银行网点约8700个，其中社区银行网点约6200个；自助机具（含ATM和CRS等）1.25万台，网上银行、手机银行注册客户7000万户，其中活跃用户3900万户，电话银行客户众多。凭借独特的发展战略与业务模式，富国银行成为美国大型商业银行中唯一一家受次贷危机冲击较小并能够在危机中实现跨越式发展的银行。危机前的2006年，富国银行按照资本、资产排名分别位居美国第四和第五，税前利润115亿美元，不到花旗银行、美国银行的一半；但到2011年末，富国银行按照资本、资产排名均居美国第四，而净利润则已跃升至美国第二，约是花旗银行、美国银行净利润之和的两倍，并成为市值排名美国第二、全球第五的大银行。2012年6月末，富国银行曾一度成为全球市值第一的银行。相对于全球其他一些大银行，富国银行的经营更是具有“轻资本、低资产、高利润”的特点。

2.3.2 美国富国银行社区银行的经营特点

富国银行社区银行提供的业务范围包括储蓄业务、转账结算业务、借记卡业务、信用卡业务、个人按揭贷款、个人消费贷款（也与其他银行合作）、中小企业贷款业务、高风险贷款业务等。社区银行主要为个人及年销售额小于2000万美元的小企业提供包括投融资、保险、信托等在内的全方位的金融服务。

富国银行的网点没有传统支行网点和社区银行网点之分，所设立的网点都扎根在社区，都是社区支行，体现了小型化、社区化、标准化、自助化的特性。社区银行网点面积不大，每家网点的面积通常为150~250平方米，员工配置为15~20人，具体网点面积大小、人员配置根据所在社区客户数量进行动态调整，使其人力成本和固定资产成本得到了有效控制，大大降低了运营成本。网点内部布局合理，氛围温馨，分为柜台服务区、理财及客户经理服务区（一般是面对面、交流互动式服务，即低柜服务模式）、自助服务区。在岗位设置上，有分行经理（Branch Manager，富国银行社区银行通称分行）、助理分行经理（Asst Branch Manager，该岗位管理多名柜员）、理财经理和客户经理（Banker），后者负责个人银行业务、客户关系维护、私人银行业务等，即理财经理和客户经理可承担个人业务客户经理（Personal Banker）、关系客户经理（Relationship Banker）、私人银行客户经理（Private Client Banker）等职责和角色，是社区银行服务的主体。此外，富国银行社区支行还配有贷款专员（Loan Office）、理财顾问（Financial Advisor）、小企业业务专员（Business Banker），这三个岗位人员按片区设置，在一个片区的多个社区银行配置一名，不隶属具体哪家社区银行，由富国银行相应的专业服务机构负责管理，流动作业，社区银行需要时可随叫随到。这类业务人员通常是层次相对较高、专业性较强的服务人员，这种组织结构和员工配置使人力资本得到了充分的利用，提高了富国银行的经营效率。

在社区银行业务处理模式上，富国银行社区银行的客户以及相应的产品与服务定位非常明确。社区银行网点主要负责产品销售和客户维护，业务只受理但不经手具体操作，业务办理和产品配置由上述专业服务团队统一完成。例如，复杂业务（如贷款业务等）受理下来后由贷款专员负责后续的审核和贷款发放工作，即专业的人做专业的事。这样做大大释放了前台的人员配置压力，同时也使得前台人员可以专注于销售和客户关系维护，腾出更多时间和精力深耕客户和市场，深入了解和挖掘客户需求，为后台产品设计提供对称的信息。

组合交叉销售是富国银行的法宝，富国银行的普通零售客户通常会享受储蓄、支票业务、信用卡、住房抵押贷款、汽车贷款等五种以上的金融服务，远远高于行业正常水平。富国银行社区银行向个人客户交叉销售的产品平均为4.6个，向企业客户交叉销售的产品平均为5.3个。由于客户对富国银行产品与服务的依赖，客户黏性较高，因此富国银行能够持续获得低成本存款。较高的交叉销售率为富国银行利润创造与提升作出了较大贡献。富国银行交叉销售的成功离不开以下几方面的努力：一是公司管理者从战略到管理高度重视，为销售制定目标并把其作为考核指标；二是加强员工产品知识培训，产品部门与区域银行协调分工；三是建立详细的客户背景数据库；四是统一产品价值，建立销售激励制度，提高员工热情。

2.3.3 富国银行社区银行的盈利模式

富国银行社区银行以传统银行业务为主，其主要盈利模式是通过低成本负债和高收益资产来赚取利差，获取利润。富国银行社区银行提升盈利的策略主要有以下四点：一是通过增加社区网点以及提高网点密度，使网点达到足够的覆盖率，保持业务规模的一定增速，实现利润规模增长；二是大力拓展和深化零售客户和小微企业贷款业务，形成产品以及服务独立的特点，维持和扩大利息收入来源；三是精细化地控制成本，从社区银行的建设、人员配备以及产品开发等方面提高资源的利用率，降低其成本支出；四是开发科学合理的信用评级模型，建立信用评级体系，保证信用产品的质量，同时细分业务单元，分散风险，规避经济周期对信用业务的影响。为保证社区银行的盈利模式，富国银行在社区银行管理上特别注重四大目标，具体如下：

一是按网点覆盖率的要求确定社区银行网点布设量，即网点覆盖率目标。网点覆盖率依据富国银行在某个区域或城市的市场占有率目标确定，市场占有率越高，网点覆盖率要求越高。精确和全面的网点覆盖有助于富国银行最大限度地开发其客户，拓展其业务范围，同时也可以优化其社区银行网点分布结构。

二是交叉销售目标。社区银行是零售业务交叉销售的重要场所，富国银行认为，当客户使用它的两种以上产品时，不仅能增加收入，而且客户忠诚度也会随之提高。增加已有客户尤其是家庭客户持有的富国银行产品种类数量是社区银行重点关注的指标，也是社区银行经营的主要目标。

三是效率目标。首先，在不影响销售量的前提下，控制和减少销售过程中产生的成本；其次，在保证客户体验不受影响的前提下，通过明确交易步骤和交易时间，用最合理、最方便的交易手段完成交易，达到控制和减少交易成本的目的；最后，在不影响网点覆盖率的前提下，通过引用高科技手段，减少人员和场地等固定成本。

四是投入产出分析和不断创新的目标。社区银行网点投入产出分析、不断创新是保证社区银行前三个目标实现的重要手段。为了保证社区银行各个网点能够盈利，每个社区银行在筹建之前，都要做一个专门的投入产出分析报告，对社区银行所在区域人口、同业竞争、固定成本投入、产出情况等进行全面、详细的分析，做到心中有数。在实际执行过程中，进行严格的监控，保证目标的实现。不断创新，引进新技术，提高网点的智能化水平，并通过创新满足客户新的需求，是社区银行发展的十分重要的内容。不断创新是富国银行社区银行建设的法宝，富国银行领导层对创新和技术引进十分重视并大力支持，投入巨大。多年来，富国银行的创新一直走在全美银行的最前面。

2.3.4 富国银行依托信用评分卡的创新产品模式

富国银行后台数据分析系统可根据借款人在一定时期内的还款表现来推测借款人申请新贷款时的还款行为。信用评级体系可以量化风险，保持决策的一致性，提高效率，降低成本，但需要随着环境的变化调整系统内的参数以做到与时俱进。与此同时，富国银行通过四个方面对小微企业建立信用评级体系：一是数据的收集，即收集客户在他行的产品数据等大量已有数据信息，发掘新的可用信息；二是模型的建立，即建立起含有大量同质、分散贷款信息的模型，并用统计方法进行检验；三是战略的选择，即基于上述数据分析以及模型的预测，选择合适的利率及额度，向客户发放贷款；四是系统分析、评估和修改，不停地分析和监控，及早发现问题并对现有评分卡模型进行改进。此外，仅依靠企业自身的数据建立的模型存在缺陷，还需考虑外部环境因素，如房地产泡沫地区、热门产业、突发性事件对特定客户群的影响。因此，富国银行的信用评级模型除了考虑企业自身数据外，还将行业数据、区域数据、宏观因素纳入模型或在模型外调整授信规则、增加人工复审等。

富国银行格外注重对风险的控制，尤其是在风险的分散化上做得比较成功。富国银行拥有 80 个业务单元，分别基于客户一生中可能产生的各种金融需求以及不同类型客户的需求进行产品与服务的设计和开发，进而为特定的客户群提供合适的金融产品与服务，将社区银行的资产配置在不同期限、具有不同风险需求的客户群上，这样就把业务的风险分散化了，使其不容易受到经济周期以及其他不可控事件的影响。风险的分散化也是富国银行不良贷款率低的主要原因。

2.3.5 富国银行成功经验总结与借鉴

通过上文对美国富国银行经营特点、盈利模式、风险管理以及创新产品等方面的分析，笔者将富国银行社区银行成功的经验总结如下，为国内社区银行经营发展提供借鉴与参考。

第一，从经营战略上重视对居民和中小企业等的零售金融业务。居民和中小企业等零售客户对于传统银行优化客户结构、提高经营收益、保障持续稳定发展起着至关重要的作用。富国银行通过地缘优势与管理优势与居民等零售客户形成了长期合作的良性关系，一方面便于社区银行终端员工深入了解客户需求，另一方面有利于居民等零售客户迅速便捷地获取相关金融产品与服务的信息，这种双向的信息流动可以提高零售市场的交易效率，降低交易成本。此外，由于社区银行工作人员通常对客户比较熟悉，因此更加了解他们个性化的需求信息，便于满足零售客户多方面、差异化的需求。这种策略不仅增加了银行产品销售，还使银行与零售客户建立了更加紧密的联系，增加了零售客户对社区银行的黏性。在当今金融产品竞争激烈的美国，这一策略对于富国银行收入增长具有重要的影响和作用。因此，传统银行必须从经营战略上重视对居民和中小企业等的零售金融业务，并以此为基础协调配置银行内部的优势资源，做好居民和中小企业金融服务工作。

第二，实施交叉销售策略。富国银行独特的社区银行“交叉销售策略”（Cross - sell Strategy）是其成功的关键因素之一。所谓交叉销售，是指在客户购买一种产品的同时，为客户介绍其他相关产品，满足客户更多需求而销售多种相关服务或产品的一种新兴营销模式。由于居民和中小企业等零售客户分布广泛、差异较大，因此其金融服务需求具有多元化的特点，而且如果将中小企业法人、企业主个人、企业员工等客户的需求综合考虑在内，更需要银行提供多元化的金融产品与服务。交叉销售在满足客户多元化需求的同时，降低了银行以及客户的成本。首先，客户不需要在不同的服务柜台或终端人员处进行重复的沟通以及一些程式化的互动，这降低了客户的交易成本；其次，交叉销售可以减少银行的人员配置和规模，降低其经营成本。所以，中国社区银行发展需要从人员培训、制度制定、产品研发、渠道利用、系统建设等多方面努力，深入开展交叉销售，对居民和中小企业客户提供综合化金融服务。

第三，做好客户细分与业务协调。居民和中小企业等零售客户分布广泛、差异较大，对金融产品的期限、风险和数额等方面具有不同的需求。针对零售客户需求上的差异，富国银行采取的方式是社区网点只负责产品的销售与客户的维护，具体的业务操作和产品配置由银行专业的团队进行，这种终端服务的标准化与产品的差异化策略既为富国银行节约了经营成本，也提高了客户对该行的满意度和忠诚度。基于富国银行业务管理的经验，我国社区银行可设立标准化的终端网点，从银行整体层面上组建专业的产品与服务团队，负责后续的业务深化与推进，同时根据我国居民和中小企业特点进行客户细分，并以此为基础批量化开发金融产品，以降低居民和中小企业金融服务的单位成本。客户细分的标准基于交叉多样的原则，如可以考虑以中小企业所处的行业和生命周期阶段、经营模式、主营产品、主要生产工艺等作为分类标准，对中小企业客户进行细分，并对其提供更具针对性的金融服务。

第四，提高风险管理效率。在贷前的风险评估方面，富国银行对居民和中小微企业等零售客户贷款采取先进的监管方式，量化风险，保证其每一笔小微贷款风险的可控性。该贷款通常无须担保物，采用循环信贷模式，便于企业使用。由于信息不对称，零售客户存在较为明显的逆向选择问题。富国银行通过简化审批流程，反而可以吸引更多优质的零售客户，从而减少贷款违约率。在贷后的账户管理方面，富国银行通过对每个账户进行持续评估，并针对不同情况采取不同措施以提高盈利性。富国银行零售客户贷款通常为循环授信，当客户产生拖欠行为时，富国银行会调高贷款利率或者减少授信额度；而对于贷后表现优质的客户，会自动增加授信额度或者降低其贷款利率。这样做一方面提高了富国银行零售贷款的收入，另一方面降低了贷款的总体风险。此外，富国银行还建立了贷款信息数据库，通过数据累计，产生信息的规模经济效益。零售客户与银行之间的信息不对称问题比较突出，银行在为零售客户提供金融服务特别是提供信贷支持时风险较大。为此，我国社区银行发展需要提高风险管理意识，丰富风险管理手段，健全风险管理制度，做到风险的全流程管理，特别是贷后风险的持续监控，真正降低风险发生的频率。

第五，完善优化组织结构与管理。传统银行在将针对居民和中小企业等的零售金融业务作为战略重点时，对于银行整体结构和管理均需要重组和完善。在组织结构上，传统银行需要通过重建流程和机制，设置专营机构或专业支行，确保零售金融业务专业化经营，推动零售金融业务持续健康发展。在人才培养和管理上，传统银行需要高度重视人才队伍建设，大胆任用专业人才，不断强化业务培训，提高队伍的产品研发能力、市场营销能力、风险防控能力。在考核机制上，传统银行需要优化激励机制，充分调动员工的积极性和热情。富国银行不仅对内大力宣传交叉销售，而且通过一系列机制保证交叉销售的理念得以落地，通过交叉销售率（Cross - sell Ratio）来进行内部考核。此外，社区银行需要提高客户管理水平。富国银行对外建立了一个高效的客户关系管理平台，整合客户资料，有效识别客户的潜在需求，提高营销效率。从组织结构到管理模式，富国银行都为我国社区银行的建设和发展提供了宝贵的经验。

第六，注重社区银行产品与服务创新。为克服传统放贷程序发放小额贷款成本较高、无法实现经济效益的问题，富国银行推出“企业通”（Business Direct）直销信贷产品，为年销售额低于 200 万美元的小微企业提供标准化的审贷流程，并迅速地提供额度最高为 10 万美元的小微贷款。企业不用去柜台申请，只需通过邮件、电话就能方便快捷地申请信贷。贷款的审核、批复完全通过电脑自动化运行，不仅节省人力，还能加快速度。在电脑评估过程中，富国银行通过统计型记分卡对申请人的风险等级进行分类，然后按照既定规则来确定贷款的价格和额度。中国社区银行需充分利用现代先进信息技术，创新产品和服务。居民和中小企业等零售客户单笔贷款的成本较高，贷款金额相对较低，但市场规模较大，因此社区银行在开展业务时除了需要改变商业模式进行批量开发之外，还需要开发商业智能，逐步通过历史数据的积累，建立评分模型，充分利用强大的 IT 系统，采取工厂化的集中作业模式，不断降低人工投入以降低成本支出。

3

社区银行效率的机制分析

社区银行是未来我国银行业转型发展的核心之一，其建设发展的合理性与完备性会影响未来我国银行业资产配置的效率和规模。因此，为更好地指导和开展社区银行业务模式的推广，完善我国银行体系的结构和职能，本章基于微观经济学厂商生产理论，从银行业务经营的视角，分析社区银行效率的影响效应和内在机制，以期为其他国家及区域的银行业转型发展提供借鉴和参考，同时也为我国当前社区银行的建设发展指明路径和方向。

3.1 效率理论

Farrell（1957）认为生产效率可分为配置效率（Allocative Efficiency，AE）和技术效率（Technical Efficiency，TE）。其中，技术效率指投入要素在给定的条件下最大的产出能力，或者产出水平在给定的条件下最小的投入能力。配置效率为在一定的要素价格下可以达到的投入或产出的最优组合（Coelli，1998）。Farrell（1957）从规模报酬不变的视角出发分析了配置效率与技术效率，如图 3－1 所示，x_1、x_2 为要素投入量，产量为 y，AA' 为等成本线，ss' 为等产量线且可衡量技术效率，P 点表示在给定投入量下生产一单位的产出能力，其为技术无效点，而 Q 点为技术有效但配置无效点，Q' 为技术有效且配置有效点，则技术效率与配置效率可分别表示为

$$TE = \frac{OQ}{OP}$$

$$AE = \frac{OR}{OQ}$$

总生产效率（Economic Efficiency，EE）可表示为

$$EE = \frac{OR}{OP} = \frac{OQ}{OP} \times \frac{OR}{OQ} = TE \times AE$$

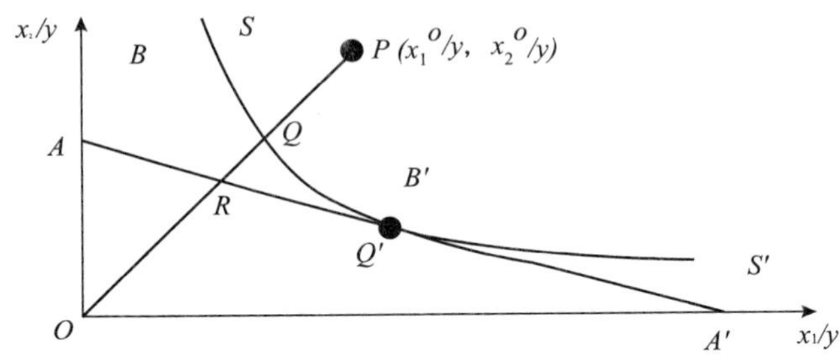

资料来源：蒂莫西·J. 科埃利，等. 效率与生产率分析引论［M］. 王忠玉译. 北京：中国人民大学出版社，2008.

图3－1　生产效率（技术与配置效率）

从规模报酬可变的视角看，Banker（1984）将技术效率分为纯技术效率（Pure Technical Efficiency，PTE）和规模效率（Scale Efficiency，SE）。其中，纯技术效率指技术与管理等方面的改进对生产效率带来的影响，规模效率指仅由生产规模带来的生产效率的变化。如图3－2所示，在规模报酬可变的情况下，纯技术效率与规模效率分别为

$$PTE = \frac{ac}{aE}$$

$$SE = \frac{ab}{ac}$$

然而，当规模报酬固定时，技术效率为

$$TE = \frac{ab}{aE}$$

此时

$$TE = PTE \times SE$$

由于现实中多为非完全竞争市场，多数研究者更侧重于技术效率分析，但社区银行处于初始的扩张与建设阶段，其配置效率直接决定社区银行生产效率的大小，因此本书将综合考虑社区银

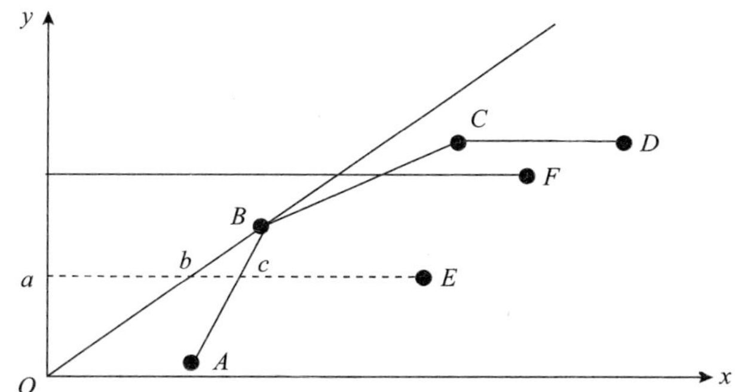

资料来源：苗萌萌．金融脱媒背景下美国社区银行发展路径及效率研究［D］．天津：南开大学，2013.

图3－2　纯技术效率及规模效率

行在配置效率和技术效率方面的影响效应及作用机制。

3.2　作用机制

Berger、Hancock和Humphrey（1993）指出银行效率的提高可提升其利润率及风险管理水平，也会为客户提供更好的服务，从而促进社会经济水平的发展。此观点亦得到了Casu、Girardone和Molyneux（2004）的支持。社区银行对社会经济的作用机制如图3－3所示，即社区银行的存在可以促进社会经济水平的提升。

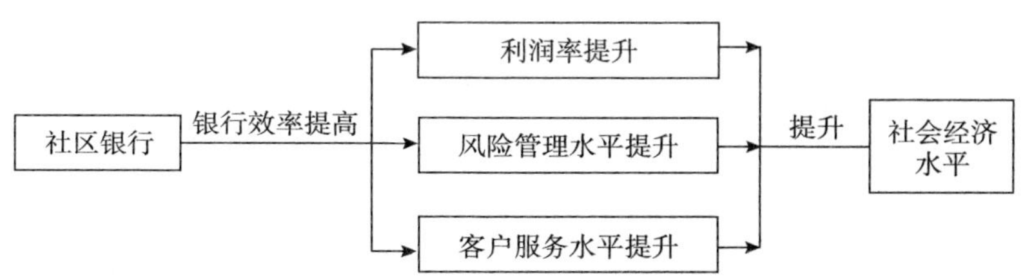

资料来源：作者绘制。

图3－3　社区银行对社会经济的作用机制

从经济学的厂商理论出发，银行等金融机构的管理与一般企业的管理在本质上是相同的，它们都是在经营过程中追求利润最大化，因此一般厂商的分析理论同样适用于银行的经营和管理，因此本节应用微观厂商效率理论分析银行经营中社区银行的发展所产生的影响及其内部作用机制。虽然银行从本质上与一般企业相同，但由于其业务及经营产品的特殊性和银行在经济体系中地位的重要性，其具体分析的内容会存在不同。本节主要从银行的流动性管理、资产管理、负债管理和风险管理四个方面分析社区银行通过影响自身经营效率进而影响经济发展的内在机制。此外，由于国内社区银行的拓展主要是通过大型商业银行在不同社区建立分支机构的形式进行的，这区别于单个社区银行的建立和发展模式，因此本节是在社区银行分支机构模式特征下进行机制分析。

3.2.1 社区银行对银行流动性管理的效率机制

银行的流动性管理有狭义和广义两种含义：狭义上的流动性管理主要指银行必须保有足够的准备金以确保任何时刻储户的存款支取，准备金是银行为应对存款外流而设立的保险；广义的流动性管理是指银行必须合理购买具有不同流动性的资产，以确保银行在具有足够高的收益率同时，其资产也具有一定的流动性，其从根本上也是为银行可能面对的存款外流设立保险。传统商业银行进行流动性管理主要考虑两方面的因素：一是发生存款外流时所支付的成本，这主要取决于同业和向企业借款的成本、贴现利率、证券出售的交易成本以及贷款出售带来的利息损失等因素，这些因素往往不受银行控制，银行只能被动接受。二是储户进行存款支取的可能性，对于这个可能性估计得越准确，其流动性管理的效率就越高。从技术层面讲，储户存款支取可能性的估计必须基于对储户信息的足够掌握，掌握得越多，估计也就越准确。我国传统银行一直以来将企业组织作为主要的服务客户，对居民和家庭的服务投入较少，这种银行产品和服务的差异主要是因为过去我国居民收入较少，储蓄也不多，而且对于金融产品的需求也不旺盛；相反，工商企业此时是银行产品的主要消费者，因此形成了目前银行差异化的产品和服务供给。在这样一种背景下，银行掌握的企业信息较多，而对家庭和居民的信息掌握不足，在以往居民收入有限的情况下，基于现有的这种信息结构来预测储户的存款支取可能性是较为合理的；而随着我国经济发展，居民财富不断增长，对于银行产品和服务的需求也逐渐增加，并且相对于企业组织，居民和家庭在银行客户中的重要性也在上升，但由于目前许多银行依然采用以企业为核心的传统网点模式，给银行了解和收集居民相关信息带来了很大的困难，这种客户结构的变迁与银行经营模式的滞后使得银行很难把握储户的存款支取可能性，在这种情况下，银行的流动性管理以及不同流动性资产的配置效率就会大大下降。传统银行网点模式不利于居民和家庭信息的搜集和甄别，而社区银行模式的发展在很大程度上降低了银行收集居民和家庭信息的难度，在新的银行网点模式下，银行可以综合已有的企业信息和居民信息进行储户支取可能性的较为准确的估计，而准确的可能性估计允许银行更准确地安排其资产组合，使其在达到一定流动性的条件下实现收益的最大化，提高了银行的资产配置效率和流动性管理效率。

传统银行对于银行流动性的管理主要基于企业组织的信息，具有特定的方法和工具，而随着居民和家庭等零售客户的重要性不断上升，所收集的信息具有与企业不同的特点，需要相应的技术方法和工具，用来分析企业信息的传统方法和工具没有办法完全适用。随着社区银行的建立和开展，银行开发和运用了一系列新的信息分析方法和工具，专门对零售客户的信息进行分析，这极大地提升了银行的信息处理能力和效率，体现为社区银行的技术效率。此外，传统银行网点选址和建立以及产品和服务的设计没有充分考虑居民的需求特点，造成这些零售客户的满意度不高，信任不足，而社区银行综合考虑社区居民的安全性、流动性以及便利性等需求特性，运用新的信息技术和手段为社区居民提供金融产品和服务，如远程智能银行、移动营销平台、NFC 手机等新型智能设备和创新技术，这些新技术的应用提高了银行产品和服务的质量，增加了零售客户的满意度，使居民更加依赖和信任银行，形成一种良性的互惠循环。社区银行新技术的应用使得银行可以以较低的成本获得居民的消费习惯和流动性需求特征，这极大地提升了银行对于储户存款支取可能性的预测能力，对于银行的流动性管理效率具有很大的提升作用，这也体现为社区银行的技术效率。社区银行对于银行流动性管理效率的提升还体现在规模的变化上，由于我国社区银行主要采取的是银行设立分支机构的模式，所以社区银行的发展会直接扩大银行的经营规模，而且这种规模的扩大是以专业化分工的方式进行的，这样可以使银行在维持原有企业客户的同时，扩大居民和家庭等零售客户的规模，并且专业化的产品和服务供给使银行可以将流动性管理细化，使银行的流动性管理随着客户的不同而采取不同的方式，专业化和细分的流动性管理将提高银行整体的流动性管理效率，我们将这种由于规模扩张进而实现客户市场细分及专业化服务的效率提升称为社区银行的规模效率。

3.2.2　社区银行对银行资产管理的效率机制

商业银行的资产主要包括准备金、证券、贷款和其他资产等项目，在进行资产管理时，必须综合考虑不同资产的收益性、流动性和风险性等特征，所以银行需要进行不同资产的组合投资，在降低其风险的同时保证获得一定的收益和流动性。而银行资产中占比最大的就是贷款类资产，其中包括工商企业贷款、不动产贷款、消费贷款和银行同业贷款。由于我国银行业以往将企业组织作为核心服务客户，所以其贷款中工商企业贷款所占比例较大，而工商企业的贷款往往时间较长，数额较大，所以其流动性不足，风险较高，但其收益率较高；与此相反，由于在我国改革开放初期，居民收入较少，生活水平普遍较低，消费贷款需求不旺盛，加之银行并不重视这部分贷款，所以在贷款类资产中，消费贷款占比较低，基于资产多样化的理论，这不利于银行降低风险和增加流动性。随着近年来我国经济的发展，居民收入增长，消费水平提高，对于消费信贷的需求也逐渐变得旺盛。银行贷款的发放是基于足够的信息进行的，而传统银行网点的模式并不适合银行进行居民和家庭的信息收集和甄别，这就造成消费信贷市场上供不应求的局面，这既不利于居民的消费决策和效用满足，也对银行的资产管理和多样化形成了挑战。随着社区银行的不断发展壮大，传统银行网点关于居民的信息不足、消费信贷供给较少的问题将得到解决，这主要是因为社区银行相对于传统银行网点具有天然的成本以及社会网络优势，将银行网点设置在社区的周边或内部，可以较容易地了解社区内居民的消费和财富信息，而且社区银行在信息收集的过程中成本较低，这就为银行发放消费贷款提供了信息基础，从根本上拓宽了银行的资产选择范围，对于银行进行资产的多样化提供了条件，尤其是使得银行贷款的选择多样化，而不是将较大比例的资金投入到风险较高的工商企业和不动产贷款中。综上可知，社区银行通过扩大银行的资产选择范围提高了整体银行的资产管理效率，我们称之为社区银行的资产管理配置效率。

分工与专业化是现代市场经济的核心，我国传统银行网点模式在满足客户需求时并未基于不同客户的需求而分别确定其产品和服务的供给，只是简单地以企业客户为核心进行银行网点的设计以及金融产品与服务的供给，这种经营方式和理念在过去我国经济总量较低、居民财富较少的情况下是适用的，但随着近年来我国居民财富不断积累，银行所面对的客户市场发生了较大的结构变化，居民和家庭等零售客户的重要性以及比例在不断上升，因此传统的银行经营模式无法满足现有的客户需求，其资产管理效率在下降。这主要是由于传统银行网点的居民信息收集成本较高，信息评估和甄别等方面的手段和方法落后。解决这一问题的方法就是分工和专业化，基于不同的客户需求实施专业化的产品与服务设计和供给。从整体市场角度看，有两种方式可以实现这种分工与专业化：一种是在市场中不断细化和发展出不同类型的银行，以满足不同客户的需求，这种方式在美国等发达国家采用得较多；另一种是在银行内部将客户进行分类，进而供给不同的产品和服务，这是我国所采用的方式。目前我国的社区银行正是以后一种方式来调节市场当中的供需结构失衡，提升银行自身资产管理效率的，其主要方式是在现有的银行网点基础上，将银行网点的覆盖范围扩展到各个社区，将传统的银行网点与社区银行网点相结合，分别基于企业和居民的需求特性进行产品和服务的开发与设计，在银行内部实现了专业化的分工。在这种分工的基础上，针对不同客户的信息收集可以采用不同的方式，降低信息收集的成本，而且基于企业和居民信息的特点，可以开发新的信息处理、评估、甄别技术和方法，这将为消费贷款的发放提供更加可信的依据，在很大程度上解决消费信贷市场上的信息不对称，缓解逆向选择问题。这种通过分工和专业化提升银行信息处理水平进而提高其资产管理质量的效应，我们称之为社区银行资产管理的技术效率。社区银行的发展扩张了传统银行的规模，从根本上为银行构建了一张更大更广的社会网络。基于这样一种广泛的社会网络，银行的信息收集和处理更为便利，而且在一定程度上银行信息生产的成本也会随着银行网络的扩张而降低，这既有利于银行降低其经营成本，也可以提高其资产销售、监督、回收等业务的效率，这是社区银行的扩张给银行整体带来的效率提升，即社区银行资产管理的规模效率。

3.2.3 社区银行对银行负债管理的效率机制

银行的负债是其资金的来源，主要包括支票存款、非交易存款、长期存款和借款，传统的银行管理理论并不重视负债的管理，其认为资金的来源即负债是既定不变的，该理论认为银行管理的核心是实现资产的安全性、收益性及流动性。我国传统银行的经营管理也是基于这种理论进行的，但随着金融创新不断出现，如货币市场共同基金以及目前如火如荼的互联网金融，以前储户财富储蓄的方式被完全打破，而且也大大降低了银行存款在资产市场中的垄断地位，现在储户尤其是居民可以通过多种途径来达到自身财富的保值和增值目的，在此情况下，银行无法再将资金来源视为既定不变的，必须对负债进行积极管理，维持银行资金来源的充足。传统银行网点模式以企业为核心，在金融市场不断创新的过程中其依然可以依据自有的优势维持企业客户的存款，但由于银行一直以来对居民等零售客户的忽视，加之当下财富管理市场的多样化，银行势必会流失部分居民的存款，造成银行资金来源的流失，这明显降低了银行负债管理的效率。

社区银行正是在传统银行面临资金源流失的情况下发展起来的，其通过扩张网点，进驻社区，为社区居民和家庭等零售客户提供符合其特征的财富管理产品和计划，为持有其存款账户的居民提供各种便利的金融和生活服务，提升居民对社区银行的满意度和忠诚度，以此来维持与居民的长期客户关系。社区银行的发展使银行的资金源得到了维持和扩张，增加了银行的存款规模，提升了其负债管理效率。在我国社区银行的拓展模式下，社区银行对银行负债管理效率的提升主要体现在配置效率和规模效率两方面。配置效率主要是指银行在原有网点网络的基础上，通过重新安排其网点在空间区域上的分布，已达到与不同客户分布相契合的程度，进而银行可以在新的网点框架下发展和维持各类储户，进行积极的存款等负债管理，以提高银行整体的负债管理效率，国内社区银行的发展正是在这样一种思想的指导下进行的，通过将银行资源重新整合，在原有的基础上，重点布局社区内的银行网点，构建一个覆盖范围更广、客户联系更紧密的资金网，极大地提高银行的负债管理效率。规模效率主要是指随着银行规模的扩大和网点的增多，相较于以前，每个网点所服务的客户减少，进而可以为每位储户提供更优质的服务，进而提高银行负债管理的效率。社区银行的拓展使银行整体规模扩大，而且在扩大的过程中还伴随着分工和专业化，这更有利于各网点提高服务储户的质量，专业化的分工可以让各银行网点针对其服务的储户特征，提升相应服务技能，提高服务的效率，进而提升银行整体的负债管理效率。

3.2.4 社区银行对银行风险管理的效率机制

银行经营过程中会面临许多风险，其中主要有两类风险，一是信用风险，即借款人由于收入下降、破产等原因而无力偿还本金和利息的风险；二是利率风险，指由于银行资产负债在利率的敏感性上存在缺口，当市场利率发生变化时银行利润遭受损失的风险。这两类风险的管理效率直接决定了银行的利润水平，因此提升风险管理效率是银行经营管理的核心，而社区银行的发展和建立直接影响着银行整体的风险管理效率，所以本节将分别研究社区银行的发展对两类银行风险管理效率的影响和作用机制。

银行资产当中贷款占整体资产的较大比例，而且传统银行的贷款资产中，以工商企业贷款为主，在这种情况下，银行进行信用风险管理的主要途径有以下几种：尽量多地收集关于企业经营发展的信息，对企业进行甄别和监督；与企业建立长期的合作关系；为企业提供贷款承诺；要求企业提供抵押或为其储蓄账户设立补偿余额；

对企业进行信贷配给。以往银行进行风险管理主要集中于企业的信息收集或关注与企业的长期合作关系，并且银行往往倾向于与大企业开展合作，这主要是因为过去我国的工业化战略催生了许多大型的国有企业，加之政府在金融领域具有较大的话语权，造成我国传统银行贷款资产中国有大型企业或其他大企业的贷款比例较高，在过去我国居民收入不多、财富较少以及中小企业发展规模相对较小的情况下，银行基于大企业的风险管理方法是比较适用的，但随着我国居民收入增加、财富积累，中小企业在整体经济中的规模比例已经超越大型企业，传统的风险管理方式已不再适用。此时整体银行的贷款资产中，已并非大型企业的贷款一家独大，居民和中小企业的贷款也占有一定比例，其主要需求有居民的住房抵押贷款、消费贷款以及中小企业的经营贷款，此时再适用固有的风险管理方式，显然将忽略居民和中小企业贷款所带来的信用风险，降低银行风险管理的效率。社区银行的产生和发展可以解决传统银行在风险管理方面的缺陷，提高其风险管理效率。首先，我国商业银行以在各社区建立分支机构的方式组建社区银行，银行综合现有的营业网点，在此基础上布局社区，这便于银行更好地收集社区周边居民和中小企业的信息，对其财富状况或经营发展进行更好的甄别与监督，为银行发放贷款提供依据，降低其信贷风险；其次，社区银行的理念是关系信贷，其更注重与居民和中小企业建立长期的合作关系，在降低其信息收集成本的同时，也缓解了信贷市场当中的道德风险，进一步减小了银行所面对的风险，社区银行发展使银行风险管理效率提升的影响称为社区银行风险管理的规模效率。除了社区银行层面的风险效率提升外，从银行整体风险管理看，由于社区银行的拓展，银行可以在更广更多的资产中进行贷款选择，如选择具有不同对象、期限以及风险等特征的贷款。同时，基于资产风险管理理论，不同资产的组合可降低银行所面临的风险。因此，银行发展社区银行分支机构的过程扩大了其可选择的贷款范围，这有益于银行通过不同特征的贷款组合降低其整体的信贷风险水平，提升其风险管理的效率，这体现了社区银行在银行风险管理中的配置效率。

关于银行利率风险的管理，在操作层面上要求其资产与负债的内部比例结构在利率敏感性上保持基本一致，这样当市场利率发生变动时，银行才可以避免损失，而影响和决定不同资产与负债对利率敏感性的关键因素之一就是期限。一般来说，期限越长的资产，其对利率的敏感性越高，并且负债也呈同样的变动规律。这就要求银行在进行风险管理时必须兼顾资产与负债的期限匹配。从银行负债的结构以及来源看，部分来源于储户，而且银行无法掌控其负债期限；部分来源于银行对外借款，虽然银行可以决定这部分负债的期限，但往往以短期借款为主，所以银行一般无法完全影响负债的期限结构。在这种情况下，银行利率风险管理主要取决于资产规模以及相应期限的调整。传统银行的潜在客户以大型企业为主，其贷款的期限一般较为单一，以长期贷款为主，这使银行在贷款资产上的期限配置能力受到了约束，虽然银行可以通过买卖证券等资产进行调整，但其规模有限，因此银行的利率风险管理能力有限，效率不足。社区银行的发展为银行提升其利率风险管理效率提供了条件。社区银行发展起来以后，银行的客户类型增多，因此银行潜在的贷款类型也会随之增多，其中潜在的不同期限贷款的类型和规模会同时增加，从银行整体看，其可以根据负债的期限结构，综合传统贷款的期限以及规模与社区银行发展带来的潜在贷款的期限及规模，更好地与负债匹配，以降低银行所面临的利率风险，这其中社区银行发展所带来的利率风险管理效率的提升既包括配置效率，也包括规模效率。

综上可知，社区银行的发展对于银行流动性、资产、负债以及风险等方面的管理效率均有积极影响，因此社区银行通过以上作用机制和途径最终对银行的整体管理效率产生提升效应，在更好地满足客户需求的情况下，增加其经营绩效和利润，提高银行整体的抗风险能力。

3.2.5 社区银行与经济增长

上文分别从银行流动性管理、资产管理、负债管理和风险管理四个方面分析了社区银行的效率机制，下文将基于以上分析，从银行业社区银行的转型发展以及金融市场的完善角度分析社区银行对经济增长的影响。

货币的基本职能就是作为交易中介，由于居民日常生活中的交易需求，其会持有一定量的货币，而且企业进行交易也需要货币，但同时货币的持有也会产生利息损失，这需要居民和企业通过权衡确定一个最优的货币持有量，而这个持有量的确定受到许多因素的影响，其中一个重要的因素就是银行的流动性管理效率。随着社区银行的发展，银行流动性管理的效率提升，作为交易中介的货币形态呈多元化发展，会减少居民和企业的通货持有量，而通货可以支持银行业的信贷扩张，增加资本形成，最终推动经济增长，因此，社区银行在提升流动性管理效率的过程中对于经济增长也具有积极的影响。

银行的负债和资产利差是其利润的主要来源，随着社区银行的发展，银行提高负债和资产的管理效率，因此也会提高其利润率水平，对于整体银行业的增长具有重要的意义。从另一个角度看，银行的主要职能是将资本从贷款者手中转向有生产性机会的借款者手中，实现资源的优化配置，而银行的资产和负债管理就是在实现这一职能，所以社区银行的扩张从资源配置看，其提升了整体银行业的资本转换效率，使得资本更容易从贷款者手中转向借款者手中。此外，社区银行在扩张过程中也扩大了潜在的贷款者和借款者规模。综合以上两个作用可知，社区银行推动了经济中资本的形成和增加，进而促进了经济增长。

金融体系的风险集聚和爆发会对经济体产生巨大的影响，造成信贷萎缩，信息不对称加剧，资本供给减少，失业增加，经济增速下降，这就是美国次贷危机所引发的金融危机造成的危害，因此从宏观经济发展看，金融体系的稳定和低风险是经济增长的必要条件。社区银行的发展对于降低银行体系的风险具有重要意义，尤其是信贷风险管理效率的提升使得银行可以及时发现和控制违约行为及其所造成的危害，次贷危机正是忽视了许多不动产贷款者的还款能力，房地产价格下跌，引发了一系列的违约行为，最终引发金融危机，所以社区银行的发展对于提升我国金融体系稳健性、降低金融风险具有积极的影响，并且在平稳的金融环境中，有助于增加企业投资和提振市场信心，推动经济快速增长。

3.3 兴业银行社区银行效率的实证分析

下文将基于兴业银行社区银行 2013 年 1 月至 2016 年 12 月的月度微观数据及 2013～2016 年的年度数据，运用 DEA 模型，在借鉴 Guzman 和 Reverte（2008）、Liu（2010）分析方法的基础上，采用 DEA - Malmquist 指数分析法，实证分析兴业银行社区银行的效率水平以及分解变化。

3.3.1 模型设计与变量选取

3.3.1.1 模型选择和设计

对于经济活动的衡量，一般从规模和质量两个方面来进行，相对于规模，我们更加关注质量方面的衡量，其主要方式是通过各类效率指标进行测度，效率是对经济活动运行状态的一种全面综合评价，而且生产经营应该以效率为核心动力，否则经济就不可能得到持续健康的发展。进行效率测度的常用方法有非参数方法和参数方法两类。因为非参数方法（如 Data Envelopment Analysis，DEA）具有许多优点，所以运用其测算效率一直得到广泛的运用，它不需要事先假定参数估计的有效性和合理性，不必去寻求生产前沿面的具体函数形式，可以通过所观测的点数据，基于一定的生产有效性标准找出位于生产前沿包络面上的相对有效点，从投入最小化和产出最大化两个角度来对决策单元进行技术效率评价，适用范围广且计算结果客观，能够提供众多科学、有效的决策管理信息，而且 DEA 模型依据决策目标的不同分为投入导向型与产出导向型，前者为产出水平给定下投入的最小水平，而后者为投入水平一定的条件下产出的最大水平。人们一般在分析宏观经济时使用产出导向型的 DEA 模型，在分析微观个体企业时常采用投入导向型的 DEA 模型。本章采用投入导向型的 DEA 模型，并且采用生产规模可变的 DEA 模型，借鉴 Guzman 和 Reverte（2008）、Liu（2010）的分析方法，使用 DEA－Malmquist 指数分析法，以考察社区银行全要素生产率的动态变化和效率分解。

根据 Guzman 和 Reverte（2008）、Liu（2010）等的研究，本文将规模报酬可变、面向产出、以 t 时刻与 $t+1$ 时刻为技术参照的 Malmquist 指数定义为

$$M_0(y_{t+1},x_{t+1},y_t,x_t) = \left[\frac{d_0^t(x_{t+1},y_{t+1})}{d_0^t(x_t,y_t)} \times \frac{d_0^{t+1}(x_{t+1},y_{t+1})}{d_0^{t+1}(x_t,y_t)}\right]^{\frac{1}{2}} = EC \times TP$$

其中，x 为投入向量，y 为产出向量。若 Malmquist 指数大于 1，表示银行经营由 t 期到 $t+1$ 期全要素生产率有所增长，小于 1 表示银行经营效率下降，等于 1 表示银行经营效率水平在这一期间没有变化。此外，Malmquist 指数可分解成技术变化（TP）和技术效率变化（EC）的乘积，而技术效率变化还可以分解成纯技术效率变化（PC）和规模效率变化（SC）的乘积：

$$M_0(y_{t+1},x_{t+1},y_t,x_t) = EC \times TP = PC \times SC \times TP$$

其中，EC 是技术效率改进指数，也称为相对效率变化指数，测度从

时期 t 到 $t+1$ 每一个决策单元对生产可能性边界的追赶程度，体现为“追赶效应”或“水平效应”。当 EC 大于 1 时，表明决策单元的生产更接近生产前沿面，相对技术效率有所提高。TP 是技术进步指数，测度技术边界在前后两期前沿面的移动幅度，反映的是技术进步，体现“增长效应”。当 TP 大于 1 时，表明技术创新带来效率改进，为技术效率的进步，小于 1 则相反。在应用 DEA - Malmquist 度量社区银行经营效率时，需要明确其发展建设过程中的投入和产出，综合考虑社区银行经营的特殊性。本书以金融要素等为投入，以利息和非利息收入为产出，综合度量其经营效率的变迁。

3.3.1.2 变量选取

DEA 可以同时处理多投入多产出的情况，这也是其优于其他效率估计方法的原因之一，本书依据数据的可获得性及投入产出的原则，具体变量选择如下：

投入变量：银行经营投入主要包括办公建筑和耐用品等固定资产、工资、管理费用、营销费用和储户存款利息支付等，固定资产应以每年提供的服务流作为投入指标，工资等其他费用以当年投入量衡量，综合考虑投入指标的选取和数据的可获得性，本书选取员工薪酬及综合成本两个指标来衡量银行经营过程中的投入水平，两者的单位均为万元（人民币）。

产出变量：一般厂商的产出主要以产品以及相关指标来衡量，而银行比较特殊，其并不直接进行生产，而是通过融通资金，赚取负债和资产间的利差，或通过提供金融服务来获得收益。考虑到银行经营的特殊性，本书选取利息收入与非利息收入作为其产出的度量指标，并且其单位均为万元（人民币）。

此外，本书主要以兴业银行作为研究对象，因此变量的数据来源于兴业银行社区银行的内部统计数据，选取 2013 年 1 月至 2016 年 12 月的月度微观数据及 2013 ~2016 年的年度数据作为本书的分析样本。

3.3.2 变量的统计性描述

表3－1显示了各主要变量的描述性统计。由表3－1可知，兴业银行社区银行的利息收入在2013年1月至2016年12月的均值为45620.54万元，非利息收入的均值为42470.76万元，2013～2016年的利息收入均值为68384.00万元，非利息收入的均值为62294.25万元。可见，利息收入与非利息收入均为社区银行收入的主力，且传统的利息收入在收入比重中稍占优势；此外，无论是月度数据还是年度数据，其利息收入与非利息收入的最大值与最小值的差距均较大，表明社区银行不同时间的经营效益差距较大。考虑到数据来源于社区银行初创期，经营还不稳定，无论是在服务上还是在管理上都处于探索阶段，社区银行整体处于一个快速上升的阶段，出现较大增长波动较为合理。综合成本在2013年1月至2016年12月的均值为69605.06万元，在2013～2016年的均值为84350.50万元，而员工薪酬在2013年1月至2016年12月间的均值为32077.36万元，在2013～2016年的均值为41047.05万元。综合成本约为员工薪酬的2倍，而且从成本投入的最大值与最小值看，其差距也较大，反映了社区银行在三年中的迅速扩张趋势。从表3－1中的数据可以看出，目前，兴业银行社区银行的投入成本基本与产出收入量持平，说明其社区银行处于向高速发展期迈步的阶段。

表3－1　各项指标的描述性统计　单位：万元

2013年1月至2016年12月的月度数据				
变量特征	利息收入	非利息收入	综合成本	员工薪酬
平均值	45620.54	42470.76	69605.06	32077.36
中位数	32305.00	23582.65	88608.00	36000.90
最大值	180075.00	187278.00	106193.00	55096.20

续表

2013 年 1 月至 2016 年 12 月的月度数据				
最小值	0.60	0.00	158.00	91.20
2013～2016 年的年度数据				
变量特征	利息收入	非利息收入	综合成本	员工薪酬
平均值	68384.00	62294.25	84350.50	41047.05
中位数	42828.50	31544.50	94271.00	43808.70
最大值	181104.00	184191.00	104958.00	52018.20
最小值	6775.00	1897.00	43902.00	24552.60

注：数据选取按四舍五入的方法，保留小数点后两位。

资料来源：作者依据计量软件 Eviews 7.2 结果编制。

3.3.3 结果分析

本书采用 DEA－Malmquist 指数分析法，并运用 DEAP 2.1 软件估计出兴业银行社区银行的全要素生产率及其分解的技术效率变化情况，详见表 3－2 与表 3－3。

表 3－2　兴业银行社区银行生产效率的月度变化

	技术效率变化	技术变化率	纯技术效率变化	规模效率变化	TFP 变化
2013 年 2 月	1	1.037	1	1	1.037
2013 年 3 月	1	1.722	1	1	1.722
2013 年 4 月	1	0	1	1	0
2013 年 5 月	1	4.937	1	1	4.937
2013 年 6 月	1	2.4	1	1	2.4
2013 年 7 月	1	1	1	1	1
2013 年 8 月	1	1.033	1	1	1.033
2013 年 9 月	1	1	1	1	1
2013 年 10 月	1	1.14	1	1	1.14

续表

	技术效率变化	技术变化率	纯技术效率变化	规模效率变化	TFP 变化
2013 年 11 月	1	1. 233	1	1	1. 233
2013 年 12 月	1	1. 155	1	1	1. 155
2014 年 1 月	1	1. 401	1	1	1. 401
2014 年 2 月	1	1. 05	1	1	1. 05
2014 年 3 月	1	0. 984	1	1	0. 984
2014 年 4 月	1	1. 096	1	1	1. 096
2014 年 5 月	1	1. 194	1	1	1. 194
2014 年 6 月	1	1. 089	1	1	1. 089
2014 年 7 月	1	1. 136	1	1	1. 136
2014 年 8 月	1	1. 05	1	1	1. 05
2014 年 9 月	1	1. 017	1	1	1. 017
2014 年 10 月	1	1. 032	1	1	1. 032
2014 年 11 月	1	1. 025	1	1	1. 025
2014 年 12 月	1	1. 056	1	1	1. 056
2015 年 1 月	1	0. 975	1	1	0. 975
2015 年 2 月	1	1. 057	1	1	1. 057
2015 年 3 月	1	1. 027	1	1	1. 027
2015 年 4 月	1	1. 079	1	1	1. 079
2015 年 5 月	1	1. 098	1	1	1. 098
2015 年 6 月	1	0. 999	1	1	0. 999
2015 年 7 月	1	0. 906	1	1	0. 906
2015 年 8 月	1	1	1	1	1
2015 年 9 月	1	1. 021	1	1	1. 021
2015 年 10 月	1	1. 041	1	1	1. 041
2015 年 11 月	1	1. 005	1	1	1. 005

续表

	技术效率变化	技术变化率	纯技术效率变化	规模效率变化	TFP 变化
2015 年 12 月	1	1. 02	1	1	1. 02
2016 年 1 月	1	1. 344	1	1	1. 344
2016 年 2 月	1	1. 25	1	1	1. 25
2016 年 3 月	1	1. 115	1	1	1. 115
2016 年 4 月	1	1. 012	1	1	1. 012
2016 年 5 月	1	1. 049	1	1	1. 049
2016 年 6 月	1	1. 277	1	1	1. 277
2016 年 7 月	1	1. 048	1	1	1. 048
2016 年 8 月	1	1. 139	1	1	1. 139
2016 年 9 月	1	1. 114	1	1	1. 114
2016 年 10 月	1	1. 156	1	1	1. 156
2016 年 11 月	1	1. 035	1	1	1. 035
2016 年 12 月	1	1. 048	1	1	1. 048
均值	1	1. 183	1	1	1. 183

资料来源：作者依据软件 DEAP 2. 1 的结果编制。

表 3 –3　　　兴业银行社区银行生产效率的年度变化

	技术效率变化	技术变化率	纯技术效率变化	规模效率变化	TFP 变化
2014 年	1	4. 424	1	1	4. 424
2015 年	1	1. 303	1	1	1. 303
2016 年	1	4. 006	1	1	4. 006
均值	1	2. 848	1	1	2. 848

资料来源：作者依据软件 DEAP 2. 1 的结果编制。

表 3 –2 显示了兴业银行社区银行生产效率的月度变化情况，从

表中的数据可以看出，技术效率变化、纯技术效率变化及规模效率变化均表现出不变的状态，TFP 的变化则与技术变化呈现出一致的状态，且 TFP 的波动较大，有 5 个月份表现出退步，39 个月份表现出进步，3 个月份没发生变化。在 TFP 出现退步的月份，其技术水平亦为退步状态，月均退步 22. 72%；而在 TFP 出现进步的月份，其技术水平亦为进步状态，月均进步 24. 97%，大于退步的比例，故整体来看，技术水平还是呈现出上升的状态。兴业银行社区银行生产效率的年度变化也说明了此情况，即技术水平呈现出上升的趋势，兴业银行社区银行的生产效率亦呈现出上升的趋势。

无论是在年度数据中，还是在月度数据中，兴业银行社区银行的技术效率变化始终为 1，表明其在开展社区银行建设的三年，并未充分发挥出社区银行现有产能的潜在生产力，而且其产能的利用水平几乎未变，这可能与兴业银行社区银行初创阶段的阶段性特征有关，外在的客观因素限制了社区银行的效率提升，但兴业银行在各种条件有限的情况下，也在迅速作出反应，不断完善自身的管理结构，为可预期的社区银行快速增长奠定基础。进一步观察可知，造成这种资源利用效率较低的原因是其纯技术效率和规模效率均未提高。下文将分别分析造成兴业银行社区银行纯技术效率与规模效率较低的内在原因，为兴业银行社区银行技术效率的改善和提高提供建议。

纯技术效率主要指在既定生产能力下通过采用新技术、新方法提高生产水平的效率变化。基于上述分析可知，兴业银行社区银行在其快速发展建设的三年内纯技术效率基本保持不变，其原因可从三个方面进行分析和阐释。其一，从企业组织结构的协调与融合角度看，兴业银行社区银行建设从实施至今，只有三年多时间，虽然其已初具规模，但社区银行在整体银行管理结构中处于怎样的定位、如何将社区银行与已有的传统银行进行有机的融合、如何协调已有的银行网点与社区银行网点间的关系，这些都是在短期内无法完全厘清和解决的问题，需要银行整体通过长时间的内部磨合协调才可以形成一个较为适宜的管理结构。因此，新发展的社区银行与已有银行结构间的协调一致存在一个逐渐调整的过程，在兴业银行大力发展社区银行的最初几年，其将更多的精力集中于社区银行外部网点的扩张，对于组织结构内部的优化和协调无法兼顾，而且恰当的组织结构需要较长时间的探索和磨合才可以逐渐形成，因此在这种缓慢的组织结构完善和协调一致的过程中，传统银行所固有的一些先进的经验和技术无法完全传递到社区银行的管理中，使社区银行的经营和管理没有充分利用现有银行的技术和管理资源；而从长期看，这种经验、技术的内部流动会随着整体银行结构的完善更加通畅和迅速，届时社区银行的纯技术效率将有一段迅速上涨的时期。其二，从社区银行的员工年龄结构看，兴业银行倾向于将年轻的员工派驻社区银行各网点。数据显示，其员工平均年龄为 25 岁，因此相对于传统网点的员工结构，社区银行的员工更加年轻化。短期看，这不利于社区银行纯技术效率的提升，因为年轻的员工经验不足，对于一些产品和服务的理解和掌握不够，往往无法充分利用现有的资源，这也是造成社区银行纯技术效率短期内未发生增长的原因之一；但从长期看，由于年轻员工活跃积极和吸收能力强，在经过短期适应后会迅速成为成熟的员工，此时社区银行纯技术效率迅速提高，而且通过让年轻员工从基层做起，可以提高其对银行业务与管理的熟悉度。其三，从社区银行发展阶段看，社区银行在我国属于新生事物，发展时间只有三年，虽然欧美等发达国家的社区银行发展较早，而且也有较成熟的经验，但社区银行在我国的具体开展还无法完全照搬这些经验，因此社区银行在我国的发展，有许多实践问题需要探索，比如基于我国的社区以及居民特征，具体如何选址、如何开发新产品、客户的维护需要怎样的方式、信息的收集和处理需要哪些方法和技术，这些问题都需要不断试错，不断探索，短期内无法实现，需要在发展过程中逐渐积累，因此社区银行所处的发展阶段在很大程度上影响了其纯技术效率的发挥；但从长期看，随着社区银行经营经验的积累，其技术效率将会逐渐增长。

规模效率是指在既定生产能力下通过调整生产经营规模而使企业潜在生产能力充分发挥出来的效率变化。基于上述经验分析可知，在兴业银行社区银行发展的三年当中，其规模效率基本未变，本书将从两方面来解释兴业银行社区银行规模效率静止不变的原因。首先，可以基于微观厂商的生产理论予以解释。在每年既定的规模下，社区银行的潜在产值已经确定，从长期看，银行可以通过充分了解以往的成本状态获知银行长期成本和短期成本的相关信息，进而调整其金融产品和服务的供给，以达到长期成本的最小化，在这一过程中，我们称社区银行实现了规模效率；但在短期内，由于社区银行对其经营过程中的短期成本与长期成本信息掌握不充分，而且兴业银行社区银行的发展处于初创阶段，历史经验几乎没有，在这种情况下，没有足够的成本信息辅助决策，使其无法通过合理调整金融产品与服务的供给而达到成本的最小化，最终使社区银行在短期内规模效率几乎不变。其次，从社区银行发展阶段看，兴业银行社区银行处于起步阶段，即使从全国范围看，社区银行也属于新生事物，所以社区银行经营过程中的许多方面都处于空白状态，如客户的需求偏好如何、社区银行的潜在产值为多少、其短期成本与长期成本是多少、社区银行发展的条件是什么。在这些信息不充分的情况下，社区银行无法及时对其产品以及服务的供给进行调整，进而达到利润的最大化与成本的最小化，提升其规模效率。然而，兴业银行具有前期良好的管理经验和大量的经营成本数据，这对于社区银行的发展具有很大的借鉴意义，而且兴业银行前期积累的大量客户也为社区银行迅速扩张提供了条件，其规模效率迅速上升将是可预期的。

兴业银行在经过短期探索后，迅速调整银行组织结构，从管理的各方面都做了具体的设计与规划，如完善管理结构、提高人力资源管理效率、进行精细成本控制等，这也预示着兴业银行社区银行未来将会迅速提高其技术效率水平。

上文对兴业银行社区银行技术效率的变化以及内部的分解进行了分析，关于技术效率的研究均是在潜在生产能力不变的情况下进行的。实证研究发现，2013 年以来兴业银行社区银行技术变化率基本呈增长趋势。从年度数据看，2014 年、2015 年和 2016 年分别比上一年增长了 3.4 倍、0.3 倍和 3.0 倍，其平均增长速度非常迅速，这与兴业银行三年以来快速扩张其社区银行网点相一致，而且 2014 年和 2016 年增长的幅度非常大，2015 年增幅较小。从效率理论分析，兴业银行在快速拓展社区银行的过程中，不断推动其生产可能面向外移动，使其潜在的产值增加，这就是造成其技术变化增长较快的原因。从本质上讲，基于目前我国金融需求的迅速变化，社区银行成为银行业转型升级的突破口，一方面出于银行业内部的结构调整需要，其将部分资源投入到社区银行的建设发展中；另一方面，对未来社区银行利润的乐观预期，也会吸引市场中资源的进入。综合以上两种效应可知，未来一段时期内会有较大规模的资源流入社区银行领域，这会增强其金融产品与服务潜在的供给能力，推动其生产前沿面不断向外移动。这反映的就是社区银行配置效率的提升，与本书经验结果相一致。

综上可知，在兴业银行社区银行快速扩张期间，由于其阶段性特征，其技术效率增长缓慢，但因为兴业银行社区银行短期的快速扩张，其技术变化增长幅度却较大。上述两种效应表现为兴业银行社区银行全要素生产率在此期间呈较大的增长趋势。从长期看，兴业银行社区银行的扩张速度将逐渐放缓，因此其技术变化的增速也将下降，但由于长期内兴业银行通过完善组织结构、积累经验和储备信息将使社区银行的技术效率增长，因此，长期内兴业银行的全要素生产率也会有一个较大的上升。此外，兴业银行在发现上述不足后，迅速调整社区银行的管理结构，优化运营模式，提高人力资源管理效率，从各个方面都进行了改善，为未来社区银行的迅速发展打下了坚实的基础，对于其效率的提升具有重要的意义。

4

社区银行盈利模式分析

4.1 社区银行可能的盈利模式

为更加有效地区分各种盈利模式，我们将社区银行盈利模式分为利差盈利模式、产品细分盈利模式和客户细分盈利模式。

一是利差盈利模式分析。利差盈利模式是以存贷款之间的利率差为主要利润来源的盈利模式。社区银行以低息吸收存款，而以高于存款利率的利率进行贷款，在资金数额无限扩大的运营体系中，社区银行可以从中获取较高的利息差额作为利润。利差盈利模式是我国银行业的传统盈利模式之一，其操作模式简单，利润高，相对风险较小，利润来源稳定，但是由于近年来我国利率市场化呼声不断高涨，利差逐渐被市场压窄，传统的利差盈利模式受到了多方面的挑战。

二是产品细分盈利模式分析。产品细分盈利模式是指社区银行将自己设计的产品按照相关标准进行进一步的细化，以满足现行市场对各金融类产品的需求，以需求为导向进行产品设计和细分。现行的银行将其运营业务分为中间业务和非中间业务，划分依据为是否较多地占用银行自己的资金，因此，社区银行可以参照相关标准，将社区银行产品或业务进行更加详细的划分。中间业务型产品和服务较少涉及自有资产，一方面，它提供了较多样化的金融服务，适应现代经济发展的需要；另一方面，它有服务客户、稳定客户、促进传统业务发展的作用。同时，中间业务型产品具有成本低、收益稳定、风险较小的独特优势。

三是客户细分盈利模式分析。随着客户需求多样化的不断发展，以信用为基础的传统银行和企业的关系将渐渐退出市场，而商业银行金融服务体系打造的以客户为中心的战略型伙伴银企关系将成为社区银行发展的主要方向。社区银行将不断向客户提供个性化的金融服务产品，在客户终生价值的指引下，对客户实行细分盈利战略，甚至实行对客户一对一的盈利战略。社区银行客户细分盈利模式是指商业银行在明确的战略和特定的市场中，根据客户的属性、行为、需求偏好以及价值等因素构建的一种特殊的获利渠道和业务模式。因此，在客户细分盈利模式运作中，我国社区银行应根据客户相关变量，对客户群进行微利分割，即建立客户群微利分割模式。客户细分有助于我国社区银行在同业竞争中避免金融产品的同质化带来的剧烈竞争，使我国社区银行逐渐发展。

4.2　兴业银行社区银行盈利模式实证分析

在国内银行业寻求业务突破、迅速转型升级的背景下，对于大多数商业银行来说，研究社区支行的盈利至关重要，盈利与否以及盈利水平的高低直接影响社区支行未来建设发展规模和发展方向，而且研究和总结其不同经营模式的盈利情况，有利于自身经营管理的完善。因此，本书基于兴业银行社区支行三年来的经营数据实证分析其盈利情况。

4.2.1　不同类型社区支行盈利模型建立

本书针对社区支行盈利模式的分析分为两部分：第一部分根据兴业银行社区支行既有社区支行类型，深入分析不同类型社区支行的收入来源结构与客户结构，呈现社区支行在不同情况下的盈利模式和结构，以此理解社区支行不同团队带来的不同盈利情况；第二部分根据社区支行所处位置以及服务的客户群，重点从客户对不同金融产品与服务偏好的角度，结合拓展客户的有效规模，分析不同区域社区支行的盈利情况。

4.2.1.1 模型样本选取

由于本书主要以兴业银行为研究对象，而且其社区银行的建立始于2013年，因此从兴业银行1031家社区支行网点中每种类型随机取50个社区网点作为样本，样本区间为2014～2016年，通过对样本运营数据的分析得出以下结论。

外拓型社区支行盈利模式：从样本全量数据看，外拓型社区支行网均净运营收入693万元，网均核心客户303人，占比达17%。从其收入结构看，外拓型社区支行主要业务收入来源是贷款类资产，占比高达77.7%；而负债和中间业务收入较少，其中消费金融和储蓄收入占比分别为11.7%与6.3%；其他占比均不超过3%（见图4－1）。基于上述数据描述，从核心客户占比可以看出，外拓型社区支行以贷款为主的盈利模式在有效积累和拓展客户基础方面存在一定问题，核心客户占比较低，致使社区银行缺乏足够规模的稳定客户，因此市场经济环境的变化易对其盈利状况产生较大影响。外拓型社区支行应拓展和深化核心客户规模，不断丰富和多元化轻资产结构，优化其客户以及资产结构。

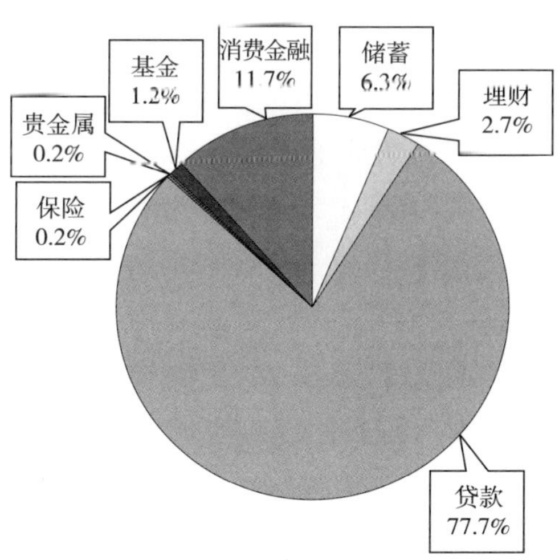

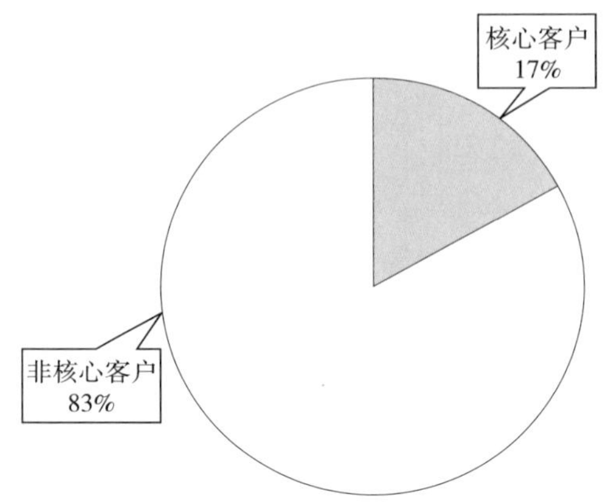

图4-1 外拓型社区支行资产与客户结构

财富管理型社区支行：财富管理型社区支行网均净营运收入482万元，网均核心客户925人。从收入结构看，财富管理型与外拓型截然不同，其贷款业务仅占3.4%，收入来源中理财、保险业务占比较大，分别占46.1%和26.7%；其他负债业务收入较少，其中储蓄和基金业务占比分别为9.6%和9.4%。从客户结构看，核心客户占比达49%（见图4-2），在存量客户的价值提升方面具有优势，但是从总客户数来看，财富管理

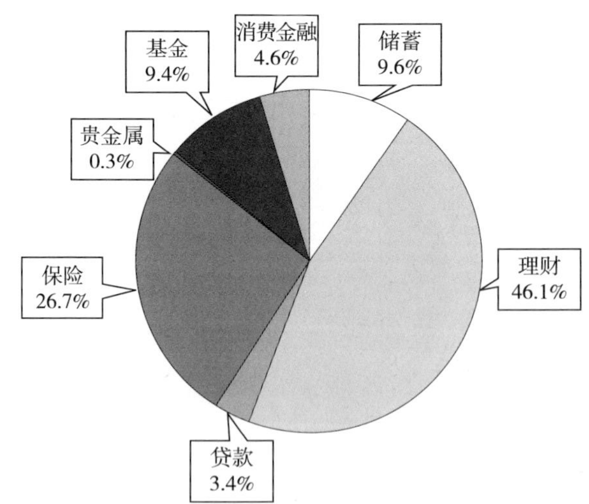

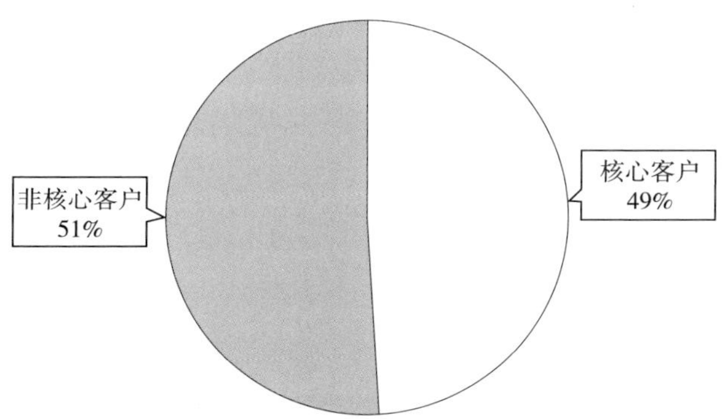

图4-2 财富管理型社区支行资产与客户结构

型社区支行的总体客户规模普遍不大，未来在维护核心客户的同时，需注意拓展客户规模。

商圈型社区支行盈利模式：商圈型社区支行网均净营运收入835万元，网均核心客户1251人，占比达35%。从收入结构看，商圈型社区支行地处商圈内部，客户以私营业主为主，贷款、保险是净营运收入的主要来源，其占比分别为32%和29%，理财和储蓄业务占比分别为12%和16%，消费金融类业务占比为9%，基金占比为2%（见图4-3）。从收入结构与客户结

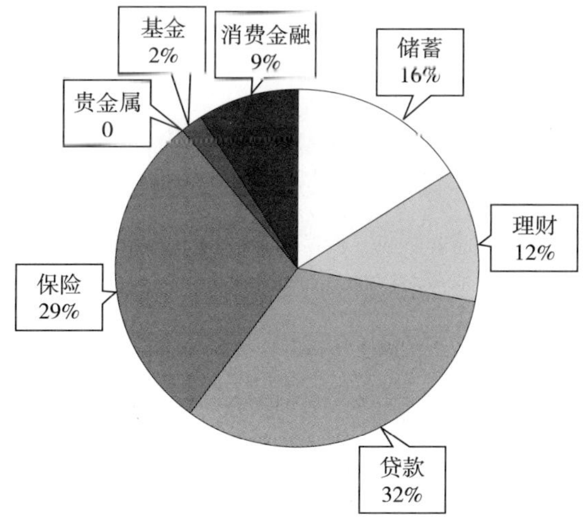

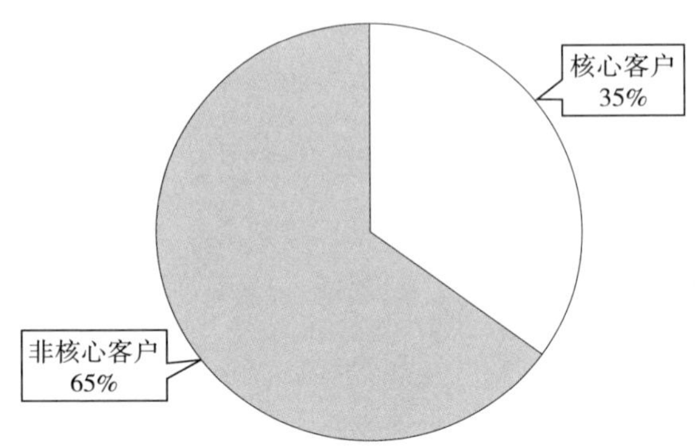

图4-3 商圈型社区支行资产与客户结构

构看，商圈型介于外拓型和财富管理型之间，其收入来源结构更加多元化和均衡，这也体现出商圈型社区支行所面对的客户具有多元化的特征。

扎根社区型社区支行盈利模式：扎根社区型社区支行网均净营运收入376万元，网均核心客户912人，且核心客户占比达33%（见图4-4）。从收入结构看，扎根社区型社区支行收入结构比较平衡，各类产品份额相近，资产、负债和中间类业务平衡发展，其中保险和理财是主要的收入来源，占比分别达36.3%和30%；贷款和储蓄次之，占比分别为

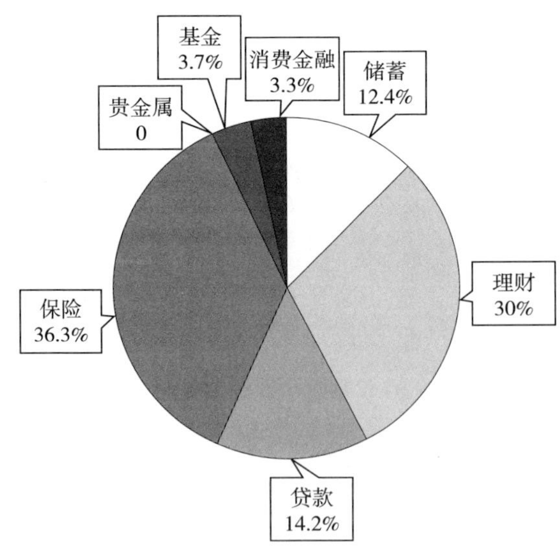

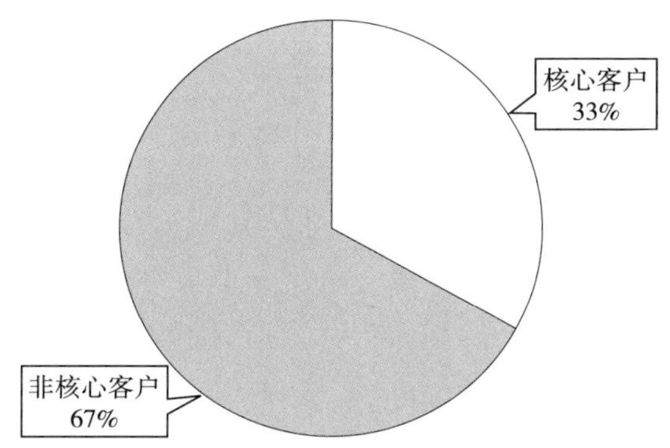

图 4-4 扎根社区型社区支行资产与客户结构

14.2%和12.4%；基金和消费金融占比分别为3.7%和3.3%，而且其盈利状况受市场环境影响较小。考虑到社区支行目前仅有两年的发展时间，其盈利空间较大，处于快速增长期，因此未来扎根社区型社区支行的发展前景广阔。

4.2.1.2 不同社区业态盈利模型

根据社区银行的主要客户群以及分布区域情况，社区支行网点可分为四种类型，分别是大学城型、高端社区型、商圈型和普通社区型。从历史数据取样分析，可得以下结论。

大学城型：网均客户规模2975人，其中有效客户1754人，有效客户占59%，交叉销售率为1.19。主要偏好产品分别是人民币活期、信用卡、个贷，占比分别为54%、21%、11%。大学城型网点客户群以学生为主，从以上数据可以看出，学生的主要金融服务需求为活期存款，由于其没有财富积累，而且基本开支主要依靠父母供应，因此大学城型社区支行的客户只需要基本的活期存款，这也造成位于该区域的社区支行的交叉销售率较低。与此同时，学生客户的消费需求相对较高，但其收入有限，资金来源有时间性，为了调和收入与消费在时间上的矛盾，其倾向于进行短期、小额的借贷行为，因此比较偏好信用卡和个贷产品；但由于学生客户存在较严重的流动性约束，所以其信用卡以及个贷在发放规模和数额上都存在严格控制，这也是其占比相对较少的原因之一。

高端社区型：网均客户规模1253人，其中有效客户562人，占45%，交叉销售率为1.5。主要偏好产品分别是人民币活期、本币预期收益理财、信用卡和第三方存管，占比分别为44%、13%、9%、9%。高端社区客户以高净值人群为主，其对于财富的保值和升值需求较高，而且具有成熟完备的金融理财知识，在追求高收益理财产品的同时对于各类金融产品的接受度也较高。从上述数据分析中可以看出，高端社区客户对保险、基金、外币存款等产品的持有率是四类客户中最高的，这基于其资产多样化将降低风险的投资理念。此外，这类客户除了购买银行标准化的理财产品外，本身也会投资一些预期收益较好的债券和股票，因此其证券市场参与度较高，偏好第三方存管产品。

商圈型：网均客户规模6677人，其中有效客户5133人，占77%，其交叉销售率为2.45。主要偏好产品分别是人民币活期、兴业通、代发工资、信用卡以及人民币定期，占比分别为44%、39%、15%、22%、12%。商圈类客户以商户为主，考虑到商户经营过程中现金流以及员工的薪酬发放等经营管理需求，商户成为兴业通和代发工资产品的主要营销目标。此外，由于商户自身以及员工存在多样化的需求，而且在同一银行进行产品与服务的消费可以降低其交易成本，因此可向代发工资客户推荐信用卡和定期储蓄产品，进行金融产品与服务的交叉销售，会有比较好的效果，既降低了客户的交易成本，同时也提高了银行的经营业绩。这也可以部分解释为什么商圈型社区支行的交叉销售率较高。

普通社区型：根据收益情况的不同，普通社区型支行可分为盈利一般型和盈利较好型两类，其中盈利一般型客户规模为3764人，有效客户1921人，交叉销售率为0.5；盈利较好型客户规模为8107人，有效客户为2702人，其交叉销售率为1.25。从上述数据可以看出，首先，客户规模以及交叉销售率是盈利情况的重要基础，盈利好的网点的客户规模大，交叉销售率高。其次，盈利状况较好的普通社区型网点的代发工资、定活期储蓄业务均好于盈利一般的社区网点，这是由于盈利较好型社区支行的客户规模大、交叉销售率高，由此可以得出，代发工资、储蓄业务是普通社区型的业绩增长点，盈利一般的社区支行应扩大其客户规模，同时提高其交叉销售率，以此提高其盈利性。不同类型社区银行客户结构与交叉销售率详见图4－5和表4－1。

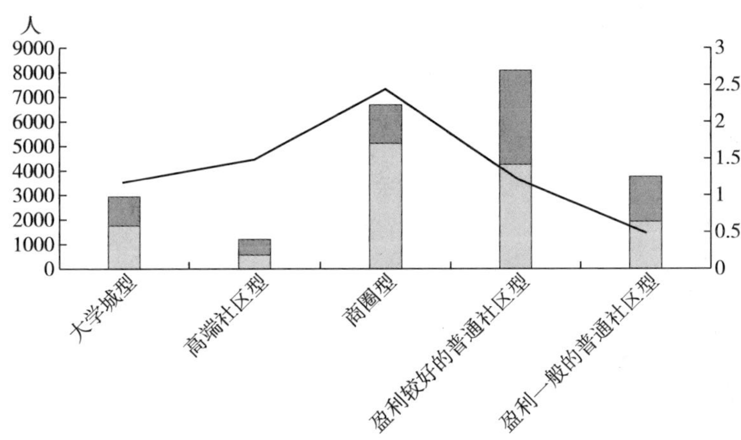

图4－5 不同类型社区银行客户结构与交叉销售率

表4－1 不同类型社区银行客户结构与交叉销售率

类型	大学城型	高端社区型	商圈型	盈利较好的普通社区型	盈利一般的普通社区型
交叉销售率	1.19	1.50	2.45	1.25	0.50
持有产品客户数（人）	1754	562	5133	4240	1921
未持有产品客户数（人）	1221	691	1544	3867	1843
总客户数（人）	2975	1253	6677	8107	3764

综合对比以上四类社区支行可以发现，普通社区型的客户规模最大，这主要是零售客户中普通居民占比较高所致；而商圈型的交叉销售率最高，其原因是商圈型所面对的客户需求更加多元化，而且不同需求间具有紧密的联系，社区支行通过交叉销售可以降低其自身与客户的成本。从产品结构看，定活期存款、信用卡、代发工资在四类社区支行中占比均较高（见图4-6、表4-2），表明零售客户主要的需求在于基本的存贷款业务和代发工资，社区银行可通过设计更加个性化的产品以满足客户需求，同时开发与这些基本业务相关的金融产品，提高交叉销售率。

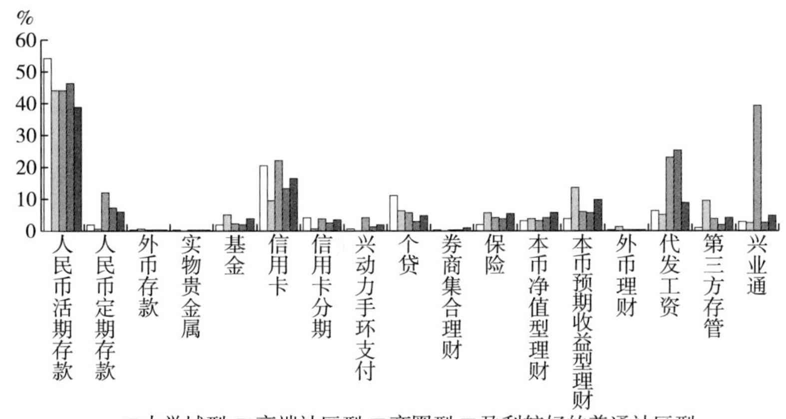

图4-6 不同类型社区银行产品结构与交叉销售率

表4-2 不同类型社区银行产品结构与交叉销售率 单位：%

类型	大学城型	高端社区型	商圈型	盈利较好的普通社区型	盈利一般的普通社区型
人民币活期存款	54.32	44.23	44.36	46.50	38.7
人民币定期存款	1.79	0.64	12.03	7.28	6.0
外币存款	0.08	0.64	0.13	0.12	0.3

续表

类型	大学城型	高端社区型	商圈型	盈利较好的普通社区型	盈利一般的普通社区型
实物贵金属	0. 11	0	0. 03	0. 04	0. 1
基金	1. 81	5. 13	2. 33	1. 87	3. 7
信用卡	20. 60	9. 62	22. 01	13. 42	16. 3
信用卡分期	4. 03	0. 64	3. 89	2. 65	3. 4
兴动力手环支付	0. 57	0	4. 03	1. 20	1. 9
个贷	10. 91	6. 41	5. 82	2. 99	4. 7
券商集合理财	0. 15	0. 00	0. 02	0. 36	0. 9
保险	1. 94	5. 77	4. 27	3. 94	5. 4
本币净值型理财	3. 02	3. 85	3. 03	4. 03	5. 8
本币预期收益型理财	3. 91	13. 46	5. 93	5. 77	9. 7
外币理财	0. 04	1. 28	0. 05	0. 08	0. 2
代发工资	6. 34	5. 13	23. 20	25. 24	8. 8
第三方存管	0. 97	9. 62	3. 87	2. 00	4. 3
兴业通	2. 77	2. 56	39. 48	2. 55	4. 7

4. 2. 2 兴业银行社区银行资产收益率

本章实证研究设计如下：

4. 2. 2. 1 样本选择

本章选取兴业银行社区银行 2014 ~ 2016 年的历史经营数据，随机抽取 500 家社区网点观测值。

4. 2. 2. 2 模型建立与分析

影响银行资本收益率的因素有许多，而且银行资产收益率的变化会反作用于一些因素。此外，本书主要研究资产规模与信贷资产占比对于银行资本收益率的影响，而这二者对于资产收益率的影响作用可能与其他因素相关，所以考虑到逆向因果、变量缺失和模型错设等内生性问题，本书选用面板模型作为基本模型。由于本书数据为面板数据，因此建立如下面板计量模型：

$$ROA_{it} = \alpha_0 + \alpha_1 ROA_{it-1} + \alpha_2 LNTA_{it} + x'_{it}\alpha + \mu_i + \varepsilon_{it} \quad (1)$$

$$ROA_{it} = \beta_0 + \beta_1 ROA_{it-1} + \beta_2 LTA_{it} + x'_{it}\beta + \nu_i + \eta_{it} \quad (2)$$

其中，下标 $i=1, 2, \cdots, N$，表示第 i 家社区支行；t 表示第 t 月的观测；ROA_{it}、$LNTA_{it}$、LTA_{it}分别表示银行资本盈利水平、资产规模和信贷资产占比；x'_{it}为控制变量 ETA_{it}和 $TAGR_{it}$，分别表示银行的资本结构和总资产增长率；μ、ν 代表不同网点不随时间变化不可观测的个体异质性特征；ε_{it}、η_{it}表示随时间的推移而变化的不可观测的个体异质性，即扰动项。

在估计方法的选择上，为了缓解模型可能出现的内生性，本书采用差分估计法（Difference GMM）和系统广义矩估计方法（System GMM）对模型进行参数估计。

表 4-3　主要变量的分组描述性统计

变量类型	变量名	平均值	标准差	最小值	最大值
被解释变量	ROA	1.32	0.36	0.15	2.01
解释变量	LNTA	6.99	0.31	6.22	8
	LTA	51.38	8.76	21.09	68.87
控制变量	ETA	7.52	1.63	3.39	16.92
	TAGR	23.86	20.33	-24.75	116.65

基于上述统计描述可知，兴业银行社区支行平均资本收益率为 1.32，其整体波动较小；平均资产规模为 6.99，其标准差为 0.31，表明不同区域社区支行的规模基本相同；信贷资产占比平均为 51.38%，表明社区银行主营业务为信贷类业务；从控制变量看，资产结构平均为 7.52，平均总资产增长率为 23.86%，而且其标

准差为20.33%（见表4－3），波动较大，显示出不同区域社区银行的扩张存在较大差异，这与兴业银行的社区银行扩张布局有关，也与不同区域社区化水平相关。

社区银行资产规模、信贷资产占比对盈利水平影响的实证结果如表4－4所示。其中，模型DIFGMM、SYSGMM分别对应动态面板数据的一阶差分估计量和系统广义矩估计量。

表4－4 资产收益率估计结果

资产规模			信贷资产占比		
变量	DIFGMM	SYSGMM	变量	DIFGMM	SYSGMM
LROA	1.036	0.956	LROA	0.762	0.964
	(27.57)	(7.9)		(35.72)	(12.69)
LNTA	－0.608	－0.358	LTA	－0.004	－0.001
	(－1.91)	(－1.28)		(－0.78)	(－0.35)
ETA	0.007	0.003	ETA	0.01	0.008
	(0.04)	(0.15)		(0.23)	(0.45)
TAGR	0.001	0.002	TAGR	0.003	0.004
	(0.34)	(0.81)		(1.32)	(1.73)
－cons	4.145	2.501	－cons	0.385	－0.062
	(1.71)	(0.62)		(1.87)	(－0.32)
N	240	160	N	240	160
P－sargan	0.26	0.356	P－sargan	0.1523	0.1635
P－AR（1）	0.004	0.0068	P－AR（1）	0.0042	0.0056
P－AR（2）	0.4645	0.3281	P－AR（2）	0.712	0.7322

从整体看，本书面板计量模型对数据拟合较好，基于AR（1）、AR（2）以及Sargent统计量可知，模型工具变量未出现过度识别，工具变量较为适用。

从资产规模模型估计结果分析，银行资产规模对其盈利水平具有负向影响，且分别在 10% 和 5% 的水平下显著，即随着社区银行的资产规模增长，其盈利水平呈下降趋势。一方面，社区银行有限的覆盖范围，使得其规模增长多以对区域内的目标客户展开深度挖掘为主，虽然增幅有限，但相应管理成本上升亦有限，而扩大服务范围，会带来相应管理成本的大幅增加，其在新进入地区时又需同时面临同业的竞争，业务规模增长有限，从而倾向于表现为规模报酬递减。另一方面，基于微观经济学厂商理论，短期内，社区银行的平均成本为倒“U”形，呈先减后增的趋势，假设社区银行短期内资产平均价格水平不变，则价格减去平均成本为银行的平均利润率，即资产收益率，基于上述假设可知社区银行的资产收益率呈先上升后下降的趋势，从理论分析可知社区银行的资产收益率是其资产规模的非线性函数，且为二次函数，这主要是因为短期内社区银行的边际报酬呈先增后减的趋势，即边际报酬递减规律，致使社区银行平均成本先减后增，这其中伴随着社区银行规模报酬的变化，在社区银行发展初期，其具有规模报酬递增的特点，因此其平均成本在此时呈下降趋势，但随着社区银行规模扩大，其规模报酬逐渐由递增转向递减，此时社区银行平均成本呈上升趋势。综上分析可知，社区银行盈利水平随资产规模的增加呈先增后减的趋势。本书实证分析发现社区银行盈利水平随资产规模的增长而下降，部分表明兴业银行社区支行处于规模报酬递减的区间。其一，由于社区支行的分工水平较高，此时规模的扩张没有分工效应，而且会增加管理费用，因此规模报酬递减；其二，由于社区银行以社区等周边区域为主要市场，因此单个社区支行的市场规模有限，在社区支行增加其资产规模时，其所面对的市场并不会有相应的增长，这也会影响其收益水平的增长。综合上述分析以及实际的数据可知，当前社区支行单网点的规模较为适宜，既充分发挥了社区银行的规模报酬递增效应，同时又与区域内的市场相兼容，表明兴业银行的选址策略与建设规划较为合理，这得益于兴业银行多年的经验积累和前期深入的市场调研。下文是兴业银行社区支行的选址及面积标准管理办法，以供参考学习。

社区支行选址及面积标准

第十三条　社区支行服务定位于社区居民、各专业市场个体经营户、沿街商户等，因此选址主要方向为居民社区、商圈。网点选址原则上遵循以下要求：

（一）居民社区的选址标准

1. 物业规模。应选择所在城市的人流量大、入住率达到70%以上的成熟小区，小区应以居民自住为主。

2. 布点位置。位于小区主要出入口附近或小区内重要活动场所附近，兼顾小区内外服务。商铺内部结构合理，不宜太深太窄，门面应至少有两个开间且宽度不低于10米。

3. 同业竞争。与同业银行网点相比，目标物业应更贴近小区居民，综合考虑同业竞争，优先选择大型银行网点集中但同类股份制银行相对较少的区域。

4. 本行网点布局。选点应考虑本行传统网点服务空白点区域，坚持错位经营原则。

5. 安全因素。周边小区物业管理比较规范，安防设施等配置齐全。优选靠近公安机关或其执勤点的物业。

（二）专业市场选址标准

1. 市场选择。根据区域经济特点、主要商圈分布、业务合作基础等实际，选择在当地运营规范、客户规模较大、市场人气较高、单笔交易金额较大和知名度较高的专业市场。

2. 布点位置。商业铺面应面向街道，方便客户识别。优先选择距离专业市场主要出入口等客户流量较大的区域较近的物业。

第十四条　社区支行的面积标准

为有效控制成本，并兼顾客户体验，社区支行的建筑面积应遵照以下要求：

（一）简便型社区支行面积以100～150平方米为宜，原则上控制在150平方米以内。

（二）全能型社区支行面积以150～200平方米为宜，原则上控制在200平方米以内。

（三）原则上每家分行超过网点面积上限的社区支行数量不得超过总数的10%，网点面积最高不得超过上限的30%。

超过上述规定面积上限标准的社区支行，报总行按事权划分相关规定进行审批。

第十五条　选址产权要求

（一）在社区支行选址过程中应确认房屋产权关系清晰，具有《房屋产权证》《国有土地使用证》，禁止租赁临时建筑、房产土地性质为农民宅基地、其他国家禁止出租或用作营业用房的房产。

（二）如未取得《房屋产权证》和《国有土地使用证》，主要有两种情况：一是《房屋产权证》正在办理中的正规商品房，需要提供《房屋买卖合同》，如未取得《房屋买卖合同》，则需要取得《建设工程规划许可证》《建设工程用地许可证》和《销售许可证》；如《国有土地使用证》正在办理中，则需要取得《土地出让合同》。在租赁合同中增加保护性条款，要求产权方须在规定时限内取得《房屋产权证》和《国有土地使用证》，如因未及时取得上述材料出现问题导致合同提前终止，须由产权方赔偿本行全部损失。二是无《房屋产权证》的小产权房、集体产权房，需要提供名义产权所有者（如当地乡镇政府、村委会等机构）出具的房屋产权证明文件，并在租赁合同中增加保护性条款，如因产权出现问题导致合同提前终止，须由名义产权所有者赔偿本行全部损失。

上述材料都需要提前与当地工商部门进行沟通，在上述材料不全的情况下，会否影响支行办理工商营业执照，如不影响则可以签署租赁合同，如当地工商部门表示材料不全不予办理营业执照，则不可签署租赁合同。

（三）取得《房屋产权证》的项目应保证房屋处于无抵押状态，如已抵押则需要在租赁合同中增加保护性条款，增加本行优先处置房产的权利。

（四）若拟租赁房屋的出租人并非房屋的产权人，要确保出租人已取得产权人的有效书面授权，且授权期限覆盖本行的拟租赁期限。

（五）若产权人或合法出租人为个人，在租赁谈判过程中要注意明确租赁区域、面积、租金水平及物业、取暖、停车等其他费用承担方，并及时跟进租赁进展，防范因个人原因产生的变动风险。

第十六条 选址安全与消防要求

（一）社区支行选址过程中要确定房屋整体完成公安、消防部门认可的安全、消防验收并提供相关证明和工程竣工验收记录。

（二）如未取得《消防验收合格证》和工程竣工验收记录，应提前向所在地消防部门咨询，会否影响支行的消防验收，如不影响则可签署租赁合同，如有影响则需与消防部门进行深入沟通运作，提前做好准备。

（三）选址其他基本要求

1. 社区支行拟选房屋应确保能够提供开展支行业务经营活动所需要的通讯资源；提供的用电负荷应满足社区支行及小微支行营业需要，并预留一定的供电量以满足业务发展需求；可在门楣及顶部安装标识；方便客户识别楼上楼下非餐饮、网吧、歌舞厅、洗浴中心等存在较大安全隐患的商户。

2. 社区支行拟选房屋筛选过程中，需由本行专业人员或聘请专业公司对拟选房屋进行实地调查、分析，综合评价房产的结构、土建、预计使用效果等，确保房屋各方面没有瑕疵，保障本行权益不受损失。

［摘自《兴业银行社区支行管理办法》(2015 年 4 月修订)］

从信贷资产占比模型估计结果来看，模型的估计结果并不显著，表明信贷资产占比对社区银行收益水平并无明显作用。但从信贷资产占比估计系数看，其结果为负，也部分说明随着信贷资产占比的增加，社区银行的收益水平将下降，这主要是有以下两个原因：其一，从社区银行资产管理看，由于社区银行深入基层，服务的大多是居民、家庭以及中小企业等零售客户，而零售客户由于区域分布的不同和需求的多样化，其对于金融产品和服务的需求也是多样化的，因此当社区银行提供的产品和服务以信贷资产为主时，对于零售客户的需求满足将受到限制，此时零售客户对于社区支行的满意度将会降低，这会造成零售客户与社区支行关系紧密度的下降，最终造成部分客户的流失，致使社区支行的收益和利润减少。其二，从社区支行的风险管理看，信贷资产占比的上升会相应提高信贷风险，当贷款者无力偿还贷款本金和利息时，银行会发生损失，降低其收益和利润，而且银行管理规避风险的基本规则是资产的多样化，信贷资产占比的上升也将限制社区银行资产的配置能力，降低其风险管理的效率，不利于社区银行的经营发展。此外，贷款类资产一般期限较长，对于利率波动较为敏感，当贷款资产占比上升时，会增加银行资产与负债的风险敞口，增加社区银行所面临的利率风险，当利率上升时，银行会发生较大损失，这也将降低社区银行的盈利水平，而且随着我国利率市场化的不断推进，利率的波动也会越来越频繁，这更增加了社区银行的风险。上述分析表明，对于信贷资产配置已经普遍处于相对高位的社区银行来说，试图通过进一步提高信贷资产占比来继续提升其盈利能力已无明显作用，甚至可能降低其盈利水平。社区银行的一个基本经营特征为其覆盖地区相对较为有限，面对同样有限的目标客户，一味提升信贷资产占比将不可避免地降低风险标准，从而因信用风险上升而带来利润损失。即使在关系型信贷业务中具有明显优势，社区银行也必须注重包括负债、中间业务等在内的其他非信贷业务的发展。

从本书控制变量看，资产结构与总资产增长率的估计系数为正，但不显著，表明资产结构与资产增长率对社区银行收益水平具有积极的影响，但根据模型估计，其影响效应较小。

5

社区银行核心竞争力构建

5.1 社区银行核心竞争力

核心竞争力是一个企业能够获得长期竞争优势的能力。社区银行的核心竞争力主要体现在与国有商业银行甚至股份制银行业务开展过程中所表现出来的竞争优势上，这是社区银行得以生存和发展的基础。基于杨晔（2008）的研究，社区银行核心竞争力应从以下八个方面进行构建和执行。

第一，改进管理技术，打造人力资本层面的竞争力。首先，要树立“人才为本”的意识，重视人才的引进和培养，力求吸引大批素质好、经验丰富的管理者与员工。其次，要建立良好的人才激励机制，系统、科学地管理和使用人才。再次，要加强人才的使用，充分了解每位员工的特点，发挥其长处，提高工作效率。最后，推行个人客户经理制度、员工竞聘上岗制度、综合柜员制度、绩效挂钩分配制度等，建立淘汰机制，促进人力资源的合理配置，改变长期以来形成的国有商业银行个人业务岗位人员素质单一的状况，以适应新的个人业务经营模式对营销人员综合素质越来越高的要求。

第二，科学评估潜在市场，打造市场层面的竞争力。首先，社区银行必须做好市场调研工作，将工作重点放在市场现状、潜在需求、发展趋势以及自身与竞争对手的潜力、优势和劣势等问题上。其次，社区银行必须对收集的信息进行筛选、加工，增强对市场信息的预测能力，紧密结合国家现行的经济金融政策，做好市场开发决策。最后，社区银行应利用风险计量模型等金融工具，准确判断市场形势，以及发现市场开发与销售的切入点，科学选择产品投放市场的时机。

第三，加强新产品研制，打造产品层面的竞争力。社区银行在注重产品创新的同时，还应关注产业技术创新。因为产品创新属于金融创新，而其所服务对象的创新属于产业技术创新；金融创新能够为服务对象提供融资便利和促进技术创新，而技术创新能够促使社区银行深入研究和开发新产品，形成再一次的金融创新。因此，技术创新和金融创新是相互促进、共同发展的。

第四，加强社区银行风险控制，打造资产层面的竞争力。资产质量是银行的生命线，风险控制是银行稳健发展的基础。因此，在内部经营上，应采取点对点的风险控制，发挥社区银行的地理优势和软信息优势；在外部管理上，要从整体上对社区银行风险设计总控制模型。同时，要以银行的制度建设和制度创新为基础，建立完善的法人治理结构，并根据市场经济要求建立内部控制制度，规范内部治理结构，以降低风险发生的概率。

第五，加强服务渠道畅通，打造服务渠道的竞争力。未来银行的竞争，关键在于服务渠道的畅通、多样化与专业化。社区银行不仅要打造现代商业银行由营销网点、网上银行等构成的服务渠道体系，还要结合自身贴近社区、具有人缘和地缘优势以及拥有大量“软信息”的特点，打造具有自身特色的服务渠道。一是将营销范围扩大到柜台以外，推行“小柜台，大营销”的服务模式；二是开展主动、定向和集合营销，个人客户经理与物业管理部门建立永久联系，使其对社区住户进行集合营销，以及锁定目标客户，主动进行个人营销等；三是实施客户关系管理，引入国际上广泛采用的客户关系管理系统，利用计算机来记录和分析客户信息，评估客户的创利能力，了解客户需求，及时开展有针对性的营销活动，以此来建立客户的忠诚度，稳定客户群。

第六，创新社区银行品牌内涵。首先，要利用高科技手段构建“家庭型便捷银行”，使客户可以随时方便地办理各类信用卡、现金及账户管理业务，感受到社区银行方便、快捷及周到的服务。其次，要积极鼓励社区成员入股，构建“会员制银行”。社区居民和企事业单位通过社区银行缴纳一定的股金，便可成为股东并享受优惠服务。该模式最适宜开办居民小额信用贷款和居民消费贷款业务，这是对社区银行制度的有益探索和实践。最后，要改变传统经营理念和服务方式，进行主动营销，构建“贴心型银行”。这是银行经营观念和服务方式的重大转变。

第七，优化社区银行的财政支持和税收优惠。首先，要继续推行监管当局和地方政府对社区银行进行评级，并据此决定相关优惠政策的做法，如减税、抵税、免税或赠款、补贴、贷款和投资等。参照发达国家的做法，社区银行缴存的法定存款准备金率应低于大中型商业银行。另外，在坚持扶持协助、免除所得税优惠待遇的同时，应坚持鼓励其自主自立的原则，避免其对政府的过分依赖。其次，要加快社区银行的相关立法建设进程。通过制定法规，不但可以确立社区银行的合法地位，而且可以对社区银行成立的条件和性质、设立的目的、产权制度和组织形式、监管机构与管理机构、社员的权利和义务、经营范围、组织机构、股权设置、审计监督方法、财务制度和分配标准、准入和退出标准加以规范。最后，要执行存款保险制度。存款保险制度在社区银行的发展中具有深远意义，它能起到保护存款人利益、维护金融秩序稳定、提高金融监管水平的作用。此外，存款保险制度能够减少经济衰退对金融体系的影响，有助于社区银行与大型商业银行、发展完备的银行形成共生机制，阻止银行业过度集中，维持银行业有效竞争。

第八，构建完善的监督体系。首先，要加强行业自律组织的自我管理和自我服务。社区银行业自律组织（行业协会）应由社区银行的代表管理，社区银行作为会员有权自主决定是否加入行业协会，有权选择行业协会的管理人员，从而激励行业协会更好地为会员服务。社区银行行业协会一方面要管理协调社区银行之间的关系，维护社区银行之间的公平竞争；另一方面要代表社区银行的利益，建立与监管机构和政府部门之间的关系，为社区银行争取应得的利益。其次，要完善社区银行的信息披露，强化市场约束机制。同时，监管机构应加强对信息披露的监管，并对银行的信息披露体系进行评估。银监会及其派出机构必须通过电子监控网络系统技术，动态、巧妙地收集社区银行的资产与负债变动状况、大额资金流动、资金清算及经营效益等业务信息，进行动态、实时、持续的全过程监督。最后，对风险程度不同的银行实施不同的、有针对性的监管模式。

5.2 兴业银行社区银行核心竞争力构建

本节以兴业银行为例，分析如何构建社区银行核心竞争力。

如前文所述，兴业银行社区银行经过三年多的发展，已经取得了一定的经济效益和社会效益。作为兴业银行的重要发展战略，社区银行发展的好坏将在一种程度上决定兴业银行零售业务未来的发展。因此，持续不断地完善和改进社区银行的管理，构建核心竞争力是一项长期任务。

兴业银行主要从以下几个方面构建社区银行的核心竞争力。

5.2.1 进一步完善组织架构

目前，兴业银行社区银行数量超过1000家，在近几年的发展中，兴业银行对社区银行的建设和管理主要由总行社区银行建设办公室（简称社区办）承担，而社区办属于议事协调机构，并没有管理权限，没有直接的资源配置与考核权限，缺乏管理手段。社区银行发展得好坏很大程度上取决于各地分行对该项工作的重视程度。因此，兴业银行社区银行在全国各地的发展参差不齐，两极分化严重，全行社区银行的经营水平尚有较大的提升空间。与之相比较，平安银行于2014年初进军社区银行，一经启动就率先在总行成立社区金融事业部，针对社区周边居民和商户设计综合产品解决方案，建立社区金融生活圈，批量带动社区财富客户增长。从实践效果来看，设立管理部门有利于提升社区银行的管理水平。因此，兴业银行在2016年8月的零售总部组织架构改革中，在银行卡与渠道部下设网点与社区银行管理处，此举不仅解决了社区银行无专门机构管理的问题，也借鉴了富国银行的做法，全面推进了零售网点的社区化。按照兴业银行新的网点政策，兴业银行今后要将绝大多数零售网点变为社区银行，建立“富国式”社区银行管理体系，并将国内社区银行推向新的发展阶段。

5.2.2 加强内部联动合作

社区银行作为新型零售网点，受限于网点规模小、业务规模小的先天劣势。根据以往经验，能够快速发展的社区银行往往具有“平台”特征，即具有整合各类资源的能力。因此，根据兴业银行社区银行的发展规划，兴业银行将把平台搭建列为重点工作。在行内，以集团化全渠道资源为依托，全面整合兴业银行及子公司各类零售产品，加快显现产品组合叠加效应。探索收入结构多元化，提高非利息收入比重，积极培育新的利润增长点，构建起资本消耗少、风险权重低的社区银行资产与业务体系。挖掘客户背后的家庭需求，以为客户提供合理资产配置为出发点，通过交叉营销活动推动建立长效交叉营销机制，实现由“单客户经营”向“客户家庭综合经营”的升华。

5.2.3 充分利用科技系统，加强精细化管理

兴业银行社区银行十分重视运用科技系统经营和维护客户，对高端、中端、低端客户分层经营，充分挖掘客户潜力。兴业银行将进一步加强客户分层体系建设，形成层次清晰、分工合理、权责明

确、整体协调的客户营销管理组织体系，这是社区银行能否实现零售业务精细化管理的前提。兴业银行社区银行对客户关系的管理主要按照“抓住高端、扩大基础、分流低端”的总体思路，对客户实施细分，并根据员工能力匹配原则，建立起一对一的专属维护关系，体现对客户的关怀，提升存量客户归属感和忠诚度。按照客户分层管理的原则，社区支行行长应负责维护黑金及以上层级客户，高级业务经理负责白金、黄金层级客户，初级业务经理负责一般核心客户。

先进高效的科技系统是客户分层管理体系能否有效实施的关键，兴业银行的客户关系管理系统被称为 CRM。在实施社区银行战略之后，这一系统得以广泛应用。兴业银行社区银行建设办公室要求全行社区银行充分利用 CRM 系统管理与经营客户，利用系统构建客户统一视图，建立客户专属维护体系，提供自动灵活的日常维护和营销提示，包括营销人员日常工作痕迹管理、工作便利性管理、单渠道营销活动管理、基于客户明细筛选和统计报表的客户分析功能等，指导社区银行营销人员在客户维护过程中不断细化客户信息和分类，尽可能细致客户关系管理。兴业银行 CRM 系统通过不断的改造和升级，功能更趋完善，已成为社区银行营销和维护客户的重要工具。兴业银行要求社区银行充分运用这一工具，发挥科技优势，重点有以下几个方面。

一是要求社区银行加强对 CRM 系统的使用，充分发挥 CRM 系统一线营销人员日常工作平台功能。通过考试、场景演练、通报等方式，培养社区支行业务营销人员 CRM 系统使用习惯。

二是要求社区支行营销人员在日常活动开展和维护中，不断搜集客户相关信息，如爱好、风险偏好、工作单位、家庭资产情况、家庭其他成员基本情况等，进一步搜集、完善零售客户信息。

三是要求运用 CRM 系统开展客户细分以及分类营销。从客户年龄、首办业务、产品偏好、消费偏好、交易渠道偏好、风险承受能力、活跃度、忠诚度、成长性等多个维度对客户进行细分分析。借助客户细分分析，管理人员可掌握辖内客户群组成结构及特征，便于针对重点客户群和潜力客户群制定有针对性的营销策略；营销人员可根据客户的个体特征，差异化地进行营销和维护。

四是运用 CRM 系统对产品进行分析。通过产品贡献分析和关联度分析，营销人员可以直观了解各产品对本机构的业绩贡献情况，比如了解哪类产品最容易提升核心客户效用、哪类产品最容易带来储蓄；同时，管理人员也可以了解到哪几类产品间最适合开展交叉营销，提高交叉销售成功率。

五是利用 CRM 系统对营销活动进行前期、中期、后期的进度管理和后评价。通过完善营销活动发起环节，支持制定标准化的营销话术、设置明确的营销目标并设置营销效果对照组，优化营销任务的分配流程，实现逐级分配和自动分配的自由组合。完善后评价环节，对活动的执行情况和活动效果（活动带来的实际业绩增长情况）进行后评价。

5.2.4 打造“社区管家”服务品牌

兴业银行社区银行通过三年左右的探索和实践，目前已形成清晰的定位，即成为社区居民的财富与生活管家。在此基础上，兴业银行于 2015 年推出“社区管家”品牌，致力于为客户提供“专属私家服务”，做好客户的“生活管家”和“财富管家”，提出“管家式”的服务理念，将各类社区营销活动整合，树立兴业社区金融服务的专业形象。兴业银行计划在今后几年将“社区管家”品牌打造成业内具有影响力的社区金融服务品牌。

5.2.4.1 兴业银行打造“社区管家”的主要措施

第一，统一品牌形象。2016 年，总行设计“社区管家”LO-

GO——社区管家，正式公布全行社区银行统一的品牌形象，目前正在商标注册并开始宣传推广。

第二，搭建活动平台。“社区管家”从“生活管家”入手，关注社区客户的衣食住行、柴米油盐，为社区客户“谋福利”，先做邻居再做业务，取得客户的信任，再由客户的“生活管家”进一步成为客户的“财富管家”。

5.2.4.2　兴业银行“社区管家”的主要内容

5.2.4.2.1　**生活管家——线下商圈联盟**

兴业银行自2015年开始，即在社区银行开展“商户联盟”营销活动，通过“圈”联系分散在社区周边的实体商户，为“社区管家”的专属私家服务注入更多的“实惠”内涵。例如，与拉卡拉合作，将“手持拉卡拉”引入到社区商户。“手持拉卡拉”办理灵活、门槛低、使用方便，很好地满足了POS收单市场中小商户的需求，使兴业借记卡成为业内主流收单卡。再如，搭建线下互动平台，开展各类“社区管家·惠生活”主题生活周，联合美容美发机构推出“三八女神节”活动，联合社区周边超市推出“五月母亲节”活动，通过“圈”把社区的商户真正地连在一起，搭起了居民、商户、银行之间的桥梁，使居民、商户、银行实现“三赢”。完善社区生态圈，使社区银行成为社区生态圈中重要的一环。兴业银行计划在今后加大场景建设力度，在全国范围内广泛铺开线下商圈联盟。

5.2.4.2.2　**财富管家——专业财富管家团队**

在打造“生活管家”的同时，兴业银行将逐步加大“财富管家”的建设力度。2016年，兴业银行已启动的“财富社区管家”小沙（小型沙龙）平台推出各类主题的小型沙龙活动，如“保险中的法律”“财富规划”“产品结合”等，通过现场、事后的营销，有效提升了客户规模。兴业银行目前在逐步加强财富规划能力，对不同年龄段和不同风险偏好的客户设计专门的理财方案，为客户的家庭提供财富保值增值的咨询建议。

5.2.4.2.3 **重点发展两个俱乐部——“安愉人生俱乐部”“童兴俱乐部”**

兴业银行社区银行以社区家庭为目标客户群，对客户年龄段进行划分，并采取“做实两端，带动中间”的策略，重点发展“安愉人生俱乐部”“童兴俱乐部”两个俱乐部，将服务的重点放在老人和儿童上，使老人和儿童成为连接银行和家庭的纽带，加深银行与社区家庭的感情，增强客户黏性。

“安愉人生俱乐部”：兴业银行在服务老年客户群方面有比较好的基础和传统，兴业银行的“安愉人生”老年金融服务品牌在2013年升级之后已颇具市场影响力，社区是老年客户比较集中的场所，以社区银行为平台开展老年客户活动事半功倍。目前，兴业银行在全行范围内大力建设“安愉人生俱乐部”，这其中最具特色的就是“老年课堂”，为老年朋友提供活动场地，并邀请专业的老师授课，内容包括书法、艺术、健康、摄影等。兴业银行社区银行在某种程度上已建设成为“老年客户之家”。

“童兴俱乐部”：考虑到28～35岁年轻父母一族平时工作忙碌，希望利用周末陪伴子女，并希望给予年幼的子女一定的教育，兴业银行积极引入社区周边知名的教育、公益、文化机构，为社区儿童举办活动，并建立“童兴俱乐部”，在社区支行里开设“兴兴宝贝课堂”，定期请家长带宝宝一起参与活动。在比较重要的节日，兴业银行社区银行会组织开展“兴兴课堂”的成果展示，为宝宝们和宝爸宝妈们搭建一个交流平台，通过有趣的活动，如春雨“润物细无声”般将“社区管家”的专属服务植入人心。

5.2.4.2.4 **大力拓展家庭客户与小微商户**

家庭客户分类如表5－1所示。

表 5-1　家庭客户分类

客户群	特点	场景推荐	产品组合推荐	投资建议
新婚夫妻	年龄段 25～35 岁。该客户群处于成家立业和事业发展起步阶段，对于购房、购车、结婚、生育等消费需求量较大，且风险承受能力较高，但积蓄不足，融资需求明显	婚庆公司、房产中介、4S 店、婚纱店、贵金属饰品商店、月子会所、童装专卖店等	住房按揭+消费贷+信用卡+立享卡+大宗分期+消费金融小额贷款+保险+贵金属+期限灵活理财产品+基金定投	理财偏选现金宝，灵活度高；配置一定大病、意外、分红型、万能型保险；信用卡主推立享卡自动分期费率优惠，门槛低，额度高；消费贷主推住房按揭和快速消费贷为主的抵押类消费贷、车位分期、汽车分期、婚庆分期、奢侈品分期（钻戒）、旅游分期、月子会所消费分期、消金税捷贷、白领贷、基金定投等
三口之家	年龄段 30～40 岁。该客户群是社会的中坚力量，有一定积蓄，注重生活品质，消费需求明显，也注重财富稳健积累和财富增值，孩子尚小，对孩子教育、未来规划关注较多	教育培训机构、投资理财机构、房产中介、4S 店、奢侈品店	“童兴俱乐部”+储蓄+保险+常规理财+信用卡+二手房按揭+消费贷+贵金属+基金+券商集合计划	零存整取、礼仪存单、安愉定期储蓄、小额外汇存款、教育类储蓄基金等；基金定投、期缴保险（教育金、重大疾病）、中短期常规本外币理财产品；立享卡；消费贷主推大耐消费贷、POS 分期、车位分期、汽车分期+立享卡；贵金属等

续表

客户群	特点	场景推荐	产品组合推荐	投资建议
三代同堂	年龄段 30 ~ 50 岁。该客户群在家庭结构上“上有老，下有小”，且孩子面临升学、父母面临养老，生活压力较大。在保证家庭生活质量的同时，关注开源节流。风险承受能力相对一般，可配置一定的收益稳健保守型产品	教育类机构、留学规划机构、海外移民投资机构、养老机构、投资理财机构、房产中介、4S 店、奢侈品店	“童兴俱乐部” + “安愉人生俱乐部” + 寰宇人生系列产品 + 二手房按揭 + 储蓄 + 理财 + 信用卡 + 消费贷 + 券商集合计划 + 私募基金	零存整取、1 ~ 3 年大额定期存单、礼仪存单、安愉定期储蓄；现金宝、基金定投、期缴保险（教育金、重大疾病）、中短期常规本外币理财产品；出国留学贷款、个人结售汇、寰宇养老旅游计划 + 信用卡、立享卡；二手房按揭、大耐消费贷款、车位分期；实物贵金属（偏重工艺首饰类）等
安愉家庭	年龄段 50 岁以上。该客户群风险承受能力较低，以老有所保、老有所养、老有所乐为目的，在实现财富保值的同时侧重保守投资，注重财富传承和分配	养老院、广场舞	储蓄 + 理财 + 贵金属	建议：国债、2 ~ 5 年大额定期存单、安愉定期储蓄；期缴保险（重大疾病）、中短期常规本外币理财产品；实物贵金属（偏传承与收藏）等

小微商户拓展情况如表 5－2 所示。

表 5－2　　　　小微商户

<table>
<tr><th>建联手段</th><th>优质商户</th><th>次级商户</th><th>实现渠道</th><th>说明</th></tr>
<tr><td>互惠合作</td><td colspan="2">以互惠互利为由，积极打造特惠商户平台</td><td>分行、支行、社区支行</td><td>利用社区网点渠道价值，开展互惠联盟</td></tr>
<tr><td>主动授信商户</td><td>私营业主：消费贷、经营贷款
小微商户：POS 流水贷</td><td>私营业主：消费信贷公司</td><td>分行、支行、社区支行</td><td rowspan="3">商户视同客户营销管理</td></tr>
<tr><td>兴 E 付、POS 机具布设</td><td>主动洽谈 POS 业务</td><td>三方布设（如拉卡拉）</td><td>社区支行</td></tr>
<tr><td>代发业务</td><td colspan="2">主动洽谈代发及相关业务</td><td>支行、社区支行</td></tr>
</table>

5.2.5　社区银行团队构建

5.2.5.1　营销人员从“猎人”变“农夫”

在社区银行建设初期，社区是有待开发的蓝海，新设网点业务发展比较迅速，各家银行均把着眼点放在快速扩大客户群、提高市场份额上。但初期的获客高潮过后，客户拓展速度逐渐放缓，同时由于各家银行争相在社区布局，市场竞争日趋激烈。因此，必须转变社区银行的运营模式，从“跑马圈地”到精耕细作，也就是社区银行营销人员要从“猎人”变为“农夫”，重点开发高净值客户价值。

考虑到社区支行营销人员大部分来自于社区支行上级支行的不同岗位，有的还不适应新岗位的情况，兴业银行着手根据社区支行服务定位，重新厘清人员的岗位职责，要求全行社区银行抓紧时间实现从“猎人”到“农夫”的角色转换；要求社区支行运营团队像农夫种田一样，悉心呵护他们的每一寸土地。为了实现业务发展模式转型，兴业银行对业绩考核及激励制度也做了调整，同时实行“一岗多能”，改变柜员只负责柜面、客户经理只负责拓展、理财经理只负责大堂维护的管理方式。在新的管理模式下，团队负责从销售到办理的全过程，而且必须像农夫一样，既要收割今年的收成，还要为明年的业务准备种子，具体从两个方面入手：一是要求将客户接触时间翻倍，从社区支行行长到业务经理再到业务代表，将每个层级的员工与对应重点客户接触时间增加 1 倍，增强对客户的了解，深度挖掘客户价值。二是强化客户导向的激励体系，调整客户管理的绩效考核体系，提高客户满意度在考核体系中的比重。

5.2.5.2 简政放权——构建以一线员工为主的扁平化、矩阵式营销服务团队

兴业银行社区银行强调把员工的个人利益与银行的集体利益挂钩，员工利益至上是社区支行管理机制的核心。

5.2.5.2.1 实行扁平化管理模式

扁平化管理是相对于金字塔式管理架构的一种管理模式。它较好地解决了等级式管理层次重叠、冗员多、组织机构运转效率低下等弊端，加快了信息流的速率，提高了决策效率。在传统银行学理论中，强调专业化的劳动分工，各个等级严格分工，形成一条严格的等级指挥链，上级依靠权威领导下级，基层员工只能按照程序执行任务。高层经过层层授权，形成金字塔式的管理模式。在当前客户需求和互联网营销占主流的形势下，客户的个性化需求非常强烈，只有一线的员工最懂得客户的需求，相对容易产生“最有价值”跟“最为高效”的转化率创新，而在原有金字塔式的管理模式下，基层的信息很难快速传达到总部，同时总部的决策也很难高效地传导到网点，商场如战场，形势瞬息万变，传统的管理模式严重制约了基

层战斗力的发挥。因此，兴业银行将社区支行团队作为简政放权的“试验田”，采用开放式、组织层级简单的矩阵式合伙人制的体系，并建立内部创新生态圈，配合适合其发展的有效考核，探索建立最为有效地激发创新动力的劳动组织模式，在人手有限的情况下，最大限度地发挥网点价值。

5.2.5.2.2　**创新社区银行特色经营**

兴业银行对社区银行实行的简政放权、放管结合、优化服务极大地发挥了团队的主观能动性，在此基础上，兴业银行社区银行能够因地制宜，走个性化道路，一线人员主动深入了解当地市场、群众喜好、客户需求，大胆创新、创建社区支行的特色经营。例如，有些社区支行员工每天早上为小区居民供应现磨豆浆；有的社区支行开在退休职工小区，老年人居多，该社区支行专门提供测血糖服务，并定期提供小区会诊、中医坐堂等服务；有的社区支行专门组织小朋友搞娱乐活动。同时，不同区域的社区银行也根据当地区域的特点销售不同的产品：在当地人群风险偏好较低的地区，更多地供应安全系数比较高的产品；在经济比较发达、居民理财意识较强、风险承受能力较强的地区，更多地供应收益率较高的产品。即使在一个城市，不同区域的社区银行也有不同的特色，比如设在旧式居民小区的社区银行，以储蓄和低风险的理财为主；设在商圈的社区银行会配备贷款专员，为商户提供经营贷融资服务；设在城市新区的社区银行，会根据当地需求，为客户提供按揭贷款服务。兴业银行将坚持立足市场，走个性化、特色化的经营道路，坚持简政放权，为社区银行的发展创造更好的政策环境。

5.2.5.2.3　**实行符合社区银行特点的考核模式**

目前，兴业银行零售条线以EVA考核为主，但兴业银行对社区银行的考核采用另外一套单独的模式，对社区银行的评价主要关注三个方面：一是顾客忠诚度，二是社区支行维护的综合金融资产规模和产生的利润，三是团队协作能力。

兴业银行在分行实行社区支行行长负责制，对社区银行负责人的考核重点关注其下属团队人员的能力提升情况，一项重要指标是能否使80%的直接下属的能力在一定时间内得到提升。对普通员工的考核主要依靠社区支行负责人的评价，社区支行负责人对于下属员工的绩效考核具有最主要的决定权。

5.2.5.3 社区“家”文化打造

传统银行营销文化强调“狼性”，而“狼性”的本质仍然是以企业盈利为中心，把客户当作销售和获取利润的对象，没有真正以客户为中心。面对零售客户，特别是社区居民，这种营销文化并不利于银行同客户之间建立长久的关系。兴业银行较早地认识到这一问题，将社区银行作为构建新零售文化的“试验田”。兴业银行社区银行主要打造“家”文化，相对于营销，社区银行更强调服务，将服务踏踏实实做到位，把服务变成经营最重要的一部分，通过服务与客户之间建立感情，用心留住客户，从而自然而然地不断提升客户对银行的价值贡献。“家”文化不仅是对客户，也是对员工。兴业银行意识到“只有员工把银行当成家，客户才会把银行当成家”，在总行层面就高度重视社区银行员工的职业发展、收入待遇、生活需要。“家”文化不提倡“舍小家，顾大家”，而是提倡“小家幸福，大家美满”。为促进员工小家的幸福，组织各种关爱员工及员工家属的活动，为单身青年举办联谊活动，为员工举办生日会，提倡团队之间互助互爱，为困难员工排忧解难。“家”文化使大部分员工虽然辛勤工作，但毫无怨言。

5.2.6 社区银行培训体系构建

兴业银行认为，高效的综合理财团队是社区支行未来的核心竞争力，因此提升员工专业素质与技能、打造学习型组织、充分培养专业人才至关重要。

兴业银行要求全行首先树立“人才为本”的意识，重视人才的引进与培养，关注员工的转型，即对网点关键岗位的任职资格、能力要求、配备情况、专业程度进行评估，分析存在的差距，提出整体提升改进方案。同时，加强人员培训和职业发展规划，实现一线员工能力的转型和素质的提高。

兴业银行对社区银行员工能力的培养重点是专业的财富管理能力，要求员工能够以客户需求为导向，规划出一套全面的管理计划，通过向客户提供全面的金融服务，为客户进行财富的有效管理，帮助客户实现财富增值。兴业银行打造的社区支行财富管家即是以客户的基本财富管理需求为基础，根据客户的个人偏好、财务和家庭状况等因素量身定制财富管理方案，选择较为适合的财富管理方式，力求为客户提供完善的财富管理以及借款咨询服务。因此，兴业银行高度重视社区银行培训体系的建立。

5.2.6.1 提升培训实操性

5.2.6.1.1 集中式培训

兴业银行在社区银行开业前期，对员工进行上岗集中培训，内容包括业务知识、操作技能、企业文化、安保措施、团队建设等，使员工融入新的团队，适应其企业文化，了解业务知识，熟悉操作方法，等等。培训形式为集中式授课培训，聘请行内、行外优秀专业讲师，进行集中授课。培训分为学习阶段和实践阶段。在学习阶段，首先导入实际问题的背景信息和必要知识，通过集中研讨的方式，提出问题并进行反思，然后分享经验与想法，最后提出创造性的解决方案，制订行动计划。在培训后期，采取行动学习方法进行培训，分阶段进行学习与实践。在实际工作中，促进个人成长与领导力的发展，提高分析解决复杂问题的能力，通过行动学习解决社区银行发展的实际问题。行动学习一般面向拥有工作经验的青年骨干员工及基层管理者。在课程设计方面，还原在社区银行的实际工作情景，引导学员解决实际问题。在实践阶段，先分散实施行动计划，后观察结果，最后总结经验。通过形式多样的培训营提升员工团队效率，打造学习型组织，充分培养专业人才。

5.2.6.1.2 **讲师团巡回培训**

自2014年以来，兴业银行社区办开始组建“小社区·大作为”社区银行讲师团，在全国进行巡回演讲培训，甄选有丰富管理经验的分行管理部门人员和业绩优秀的社区银行一线营销人员，赴各分行进行巡回培训。培训对象是各分行社区银行管理人员、管辖支行负责人和社区支行从业人员；目的是通过培训，把先进社区支行的经验在全行共享，实现全行社区银行共同发展、共同成长。迄今为止，社区办举办的巡回培训超过50场次，受到分行的普遍欢迎。

5.2.6.2 微课堂——新型互联网培训模式

兴业银行为了提高培训的覆盖率，突破了传统的培训模式，在微信上建立“微课堂”。“微课堂”设计出一整套人才培训内部和外部课程，包括会计和柜员岗位基础实操演练、营销技能、客户关系管理、营销活动策划、当前产品详细介绍和营销技巧、专业资产配置甚至包括演讲技术写作等众多方面，总计100多门课程，涉及零售条线各个产品部门的业务知识和营销技能。优秀的社区支行负责人可以通过“微课堂”视频介绍经验，第一时间将最新、最有效的方法传递给每一位社区支行员工，供全体员工在线学习。总行还在“微课堂”上每半个月评选出“最美服务明星”，让每一个优秀社区员工都有机会展示自己的才能，锻炼社区支行人员的整体表达能力与业务素质，达到良性学习氛围和比拼赶超的业务竞争机制。“微课堂”的好处是社区支行员工可以在客户量普遍较少的午后，利用碎片化的时间学习、充电，这样灵活的培训方式既不占用工作、休息时间，也可以确保培训随时随地进行，使员工按需获取知识，降低边际成本，信息量较大，而且能很好地跟踪学习记录。

5.3 精细化管理构想——五个量化管理模型

随着我国逐渐进入中等偏上收入国家行列，社区银行所面对的客户规模以及类型日益增多，需要在客户经营、分层分类维护上下足功夫，因此精细化管理、后台数据的分析功能提升对前台一线人员的营销将大有裨益。基于精细化的管理思想，银行业有针对性地设计出社区银行业务的网点密度模型、客户识别模型、客户潜在需求挖掘模型、精准营销模型、交叉销售模型、流程管理模型、风险控制模型、信用评分卡模型、员工效率模型等十大模型。这样精准的客户定位管理和数量化的考核体系将使得员工及部门业务开展不至于偏离既定战略，同时科学地控制规模扩张的成本支出，可以极大地提高银行的经营效率。下文挑选上述精细化管理模型中比较常用的五个模型，简要介绍其基本职能和工作原理。

5.3.1 客户识别模型

客户识别模型是基于客户属性特征进行的有效性识别和差异化区分，以客户属性为基础的应用方式，在多属性条件下进行多方案排序的群决策管理过程，通常主要依据客户社会属性、行为属性和价值属性等进行客户的识别和分类。研究的目的主要是为企业开展多元化、差异化的产品营销策略提供条件，同时也为银行产品和服务的开发进行精确定位。首先，客户识别模型将客户识别研究与客户价值研究紧密结合起来，扩展了客户价值模型研究，在此基础上所建立的客户价值模型不仅包括客户目前价值、潜在价值，而且包括考虑客户忠诚度以及银行产品的匹配价值，从而增加了模型预测的精确度。其次，利用先进的数据挖掘技术和统计技术，基于社区银行经营过程中收集的大数据估计模型的参数，并对客户样本进行实例研究，探讨在商业银行背景下有效地和准确地识别商业银行有价值个体客户的途径和方法，最大限度地克服现有的客户识别模型在分析和识别企业个体客户，以及个体客户水平层次上产品设计与营销决策方面的不足。客户识别模型研究的未来发展方向之一是探讨如何通过多方位的客户数据，构建更加符合客户行为的价值模型，精确地预测客户的需求以及需求时机，以助于银行产品的开发、供给和销售。

5.3.2 客户潜在需求挖掘模型

客户潜在需求挖掘模型设计了以客户需求为导向的定制终端潜在客户挖掘模型，主要包括新客户的开发与已有客户新需求的深化两方面。该模型首先依据社区终端的区位优势和网络优势，尽可能地收集客户在金融产品与服务需求方面的信息，如客户财富、社会地位、家庭成员、消费习惯等；其次，基于新兴的统计和计量方法，将客户需求与其特征属性进行拟合，构建出较为适用的预测模型，进而基于所建立的分析模型，对客户潜在的需求进行定量精确的预测，在此基础上通过预判的客户需求进行产品和服务的设计、开发和供给，最终通过社区终端到达特定客户群中，以达到精准销售的目标。这其中银行不仅要有效地挖掘出潜在客户和潜在需求，同时要根据各类用户的需求属性特征，为其匹配相应价位的终端，并通过市场部门在第一时间向用户开展主动营销，提升终端销量及用户消费能力。客户潜在需求的挖掘有两个关键点，其一是社区终端的信息收集和匹配销售，信息收集保证后台模型有足够的数据基础，匹配销售可以使银行降低营销成本、增加销量和提高客户满意度；其二是客户潜在需求预测模型的准确构建，必须基于对客户行为以及理论的充分认识和理解，才能构建出更加适合、预测准确的模型。

5.3.3 网点密度模型

网点密度模型的关键是在不同的市场（城市）中按照合适的密度设立网点，并且主要任务在于吸引当地居民、家庭和中小企业等开户。此外，网点密度模型的另一核心是以最低的成本构建一张可以覆盖最多客户的社区终端网络，基于该终端网络，银行可以以最低的成本收集客户信息，以更高效的水平在整个网络上配置银行的资本，进行金融产品与服务的精确供给。通过调研及数据分析，银行网点密度的布局基于以下基本原则：在网点人口覆盖率及对应的市场份额曲线上寻求斜率最大的位置，同时扩展客户规模和深化客户需求以摊低社区支行的固定成本支出。在此原则下，社区终端的密度布局将最大限度地接近最优。比如，每500个住户的增长将提高每个网点10～20个基点的ROA水平，因此社区网点下客户的数量和质量均为密度模型中的关键变量，通过在密度模型中引入客户的规模与质量变量，可以提高密度模型的规划能力。而要准确应用这两个变量以确定社区银行网点的密度，其前提条件是要深入了解和分析客户需求的规模和质量的密度分布，以此构建银行的终端网点密度网络。在数量化的网点密度模型指导之下，各社区网点能够更有针对性地开展产品销售和服务供给业务，同时也可以最大限度地避免盲目扩张导致的成本支出上升。

5.3.4 交叉销售模型

交叉销售模型的核心在于运用多种渠道销售以及产品相关销售满足客户多元化的需求，并成为其存款账户银行。如果能够更好地满足客户金融产品和服务需求，实现单位客户交叉销售数量的上升，则单位家庭客户创造的利润也将提升。而要实现这一点，一是需要多种渠道联动的综合运用以及提升终端销售人员的交叉销售技能，其中包括对产品的熟悉度和对客户需求的基本预测。根据富国银行的统计，虽然目前大多数客户较多地使用自助服务（包括网络银行、ATM、电话银行等）完成交易，但通过网点办理业务的客户比例也在逐渐提升，因为随着客户个性化的需求不断增长，程式化的自助终端已无法满足这种个性化需求，客户会更加偏爱灵活的网点终端进行产品与服务的消费。据统计，超过77%的客户在半年内至少与社区银行的柜员打过一次交道。另外，统计数据也表明，使用更多渠道的客户倾向于购买更多的产品，这也是富国银行致力于终端网点覆盖建设的重要原因。同时，客户对于储蓄类等基本的金融产品的需求量大、弹性小，社区网点成为客户的首选方式。二是借鉴响应模型的思路，为某几种重要商品分别建立预测模型，对潜在消费者通过这些特定预测模型进行过滤，然后针对最有可能的前5%的消费者进行精确的营销推广。

5.3.5 员工效率模型

员工效率模型的根本是通过提升单个业务人员的工作效率与不同员工之间的协调效率，最终达到提升单个网点以及社区银行整体经营效率的目标，这取决于社区银行整体有一个良好的管理结构和员工激励机制，可以充分调动和激发员工的潜能。富国银行在发展过程中经历过几次大的并购，包括1996年收购第一洲际银行、1998年与西北银行合并以及在2008年收购美联银行。在这些重组并购中，由于美国银行业整体的高效率，富国银行并未出现整体效率的降低和资本开支的大幅增加。实际上，由于富国银行社区网点效率的不断提升，其社区银行的网点面积以及费用呈现长期下降的趋势。其主要措施包括控制网点员工数量、提升员工业务水平、加强员工间的协调、保证客户满意度以及在满足密度模型的前提下削减网点营业面积等。经过不断的探索与改革，富国银行最终形成了我们之前看到过的社区银行网点模式：规模不大，但内部布局合理，氛围温馨，客户在接受服务过程中满意度增加。而这一切都需要依赖社区终端覆盖的多渠道模式，包括网络银行、ATM 以及电话银行的服务支持，通过这种多渠道的产品销售与服务供给，可以丰富客户的消费方式，增加客户对产品与服务的熟悉度，进而增加其消费的概率和数量，最终达到促进销售的目标。

6

社区银行在普惠金融领域的探索与实践

6.1 搭建普惠金融新平台，发展小微信贷

党的十八届三中全会以来，在规范发展普惠金融的政策背景下，中国金融机构借助“互联网+”，通过创新努力探索中国普惠金融发展的新路径。中国的小微企业和个体商户数量众多，包括1900万户左右小微型企业、5165万户个体工商户、2亿左右生产型农户等。社区银行作为直接面对居民的新型金融服务载体，从一开始建设就融入了便民、利民、惠民的理念，可以说，社区银行与普惠金融一脉相承，有着千丝万缕的联系。

6.1.1 社区银行能够解决信息不对称问题

传统银行在贷款构成中存在“二元结构”的问题，即大企业贷款与小微企业贷款存在两极分化现象，大企业获取贷款能力强，而小微企业获取贷款能力弱。对小微企业的“贷款歧视”某种程度上来源于信息的不对称以及贷款决策链条的冗长低效。而从目前的实践来看，社区银行将有可能成为解决这一问题的“钥匙”。

线下小微企业的贷款往往属于关系型贷款，而传统银行贷款属于财务报表型、资产保证型和信用评分型贷款。这几种都是小微企业所欠缺的。小微企业抗风险能力差，缺乏完备的财务报表制度和质量较好的抵押品，且很多骗贷行为都是打着小微企业融资的幌子，与银行内部人员勾结，骗取银行的贷款，积少成多，给银行的经营带来很大风险。而目前的银行体系管理链条长，对小微企业的风险缺乏识别和控制能力，面对信息不对称，为了降低贷款风险，银行往往采取过于谨慎的策略，在进行放贷决策时需要对申请贷款企业的财务信息进行审查，并要求提供一定价值的抵押物作为放贷前提，这致使正常经营的小微企业饱受“融资难、融资贵”的困扰，而银

行业也承受着巨大的舆论压力。由于管理上的某些漏洞，骗贷行为仍旧难以杜绝，在经济下行期间，银行小微企业不良贷款率始终居高不下。

社区银行的出现，为解决这一问题提供了新的思路。在关系型贷款中，社区银行具有很大优势。社区银行员工长期扎根社区，对社区周边的小微企业了如指掌，只要解决好社区银行团队的管理问题，就可以在很大程度上规避委托代理关系导致的道德风险。如前文所述，小微企业贷款属于关系型贷款，而关系型贷款主要基于看不见、摸不着的“软信息”来决定是否向企业发放贷款。关系型借贷理论主要是在信息不对称的基础上，为解决小微企业融资困难而发展起来的。

6.1.2 以零售化为手段发展社区小微企业信贷

6.1.2.1 小微企业客户特征决定小微信贷零售化

如前文所述，小微企业融资具有鲜明的个人业务特征，数量多、分布广且涉及的领域比较宽泛，每调查一笔小微企业融资业务都需要耗费人力、物力，成本高，难以覆盖其收益。因此，面对小微企业，应该为其提供具有相似度的融资服务，从产品设计到融资方案，充分体现小微金融“批量化”的服务理念，在满足小微企业自身需求的同时，不断提高小微企业服务效率。这样批量化的处理方式与零售信贷业务非常类似，对其设置一定的关键指标，通过标准化的模板来大规模处理，更有利于业务的管理、经营和风险管控。

6.1.2.2 小微信贷零售化符合国家政策

根据银监会相关文件规定，商业银行可以将金额在500万元以下的小企业贷款纳入零售业务管理，且在存贷比考核、风险资产计算等方面予以商业银行优惠政策。因此，商业银行要充分利用存贷比扣除、风险权重降低等优惠政策，发展单户授信500万元以下的小微企业贷款业务，压缩资本占用，优化信贷资产结构，提高综合收益。

6.1.2.3 小微企业零售化将提升社区银行本身的市场竞争力

在日益剧烈的同业竞争压力下，小微金融已成为银行未来最重要的增长机会之一。由于小微企业类型和需求的多样化，想要在小微业务上盈利，必须落实在零售业务上的批量化操作模式，通过批量化操作和“信贷工厂”操作，对产业集群、专业市场、具有一定共性的小微企业进行筛选，实现对多数客户的批量营销，降低单户走访调查小微企业的信用评级成本，同时有效控制风险。社区银行主要是以个人和小微企业为服务对象，无论是经营模式、产品设计、服务渠道、营销策略，都更贴近社区居民和小微企业。社区银行可以发挥信息收集优势，通过及时了解小微企业客户的“软信息”来弥补授信过程中的信息不对称，进一步降低信息收集成本。

6.2 创新与小微金融

兴业银行已经在社区银行小微金融方面作出了有益的尝试和探索，零售信贷工厂也已初步成型，为社区银行小微金融的发展提供了基础保障。

6.2.1 技术变革促进小微金融发展

小微金融作为覆盖面广、可获得性强、长尾特征突出的金融服务方式，需要通过批量化、高效率、低成本的手段加以实现，信息技术、互联网、云计算以及大数据方面的技术革新为普惠金融的实现提供了可供尝试的解决方案。在此基础之上，小微金融运用大数据、云计算等技术，获取网络多元数据，优化信用数据仓库建设，构建基于知识图谱的风险控制体系，实现金融能力特别是风险控制能力的提升。从银行产品创新的角度来讲，可以整合银行内部、外部以及互联网上的各类数据，建立可用于提升风险控制能力的信用数据仓库，为贷款的各个环节提供风险管理帮助。技术的进步为社区银行管理提供了有效手段，也使社区银行具备了成为小微金融新平台的条件。

6.2.2 信用评分体系促进金融创新

6.2.2.1 信用评分模型构建

信用评分最早始于20世纪50年代初。信用评分最初使用统计学方法来区分优良贷款和不良贷款。最初，信用评分的重点为是否要向贷方发放贷款。后来，这种行为转变成了申请人评分（applicant scoring）。信用评分凭借申请人评分成为一项成功的评价系统。

信用评分模型是消费信贷管理中广泛应用的技术手段，是银行、信用卡公司、汽车贷款公司、住房贷款公司、个人贷款公司、电信公司、公共事业公司、保险公司等涉及消费信用的企业实体最重要的核心管理技术之一。该模型根据客户的信用历史资料，利用一定的信用评分模型，得到不同等级的信用分数，再根据客户的信用分数来决定客户可以持有的金额权限，从而保证还款等业务的安全性。随着现代社会中贷款和信用卡的作用日渐突出，信用评分模型的发展前景不可估量。社区银行可以创建零售客户信用评分体系，创新产品，提升风险议价。信用评分体系可以量化风险，保持决策一致性，提高效率，降低成本，但需随环境的变化而调整系统内的参数，以做到与时俱进。从国外优秀银行的实践经验来看，可以通过四个方面对小微企业建立信用评分体系。一是数据的收集，收集客户在他行的产品数据等大量已有数据信息及发掘新的可用信息；二是模型的建立，建立起含有大量同质分散贷款信息的模型，并用统计方法进行检验；三是战略的选择，选择合适的利率及额度发放贷款给客户；四是系统地分析、评估和修改，不停地分析和监控，及早发现问题，对现有评分卡模型进行改进。此外，仅依靠企业自身的数据而建立的模型存在缺陷，还需考虑外部环境因素，如房地产泡沫地区、热门产业、突发性事件对特定客户群的影响。因此，信用评级模型除了考虑企业自身数据外，还需将行业数据、区域数据、宏观因素包含进模型，或在模型外调整授信规则、增加人工复审等。

结合中国国情和社区银行自身特点，首先要注意平时客户资料的采集与汇总。不断建立和完善社区支行客户信息数据库是信用评分体系的基础，包括客户喜好、家庭成员、房产、汽车、工作情况、家庭和睦情况、是否有不良嗜好，甚至性格特征，等等。其次，依托三方信用数据管理公司，采集重要的客户信用信息，来扩充社区银行信用评分体系数据库。以信用管理局为例，它通过常年收集、积累数据，建立个人和企业信用资料数据库，并向金融机构提供消费者个人信用有偿调查报告服务。

6.2.2.2 信用评分模型构建步骤

利用数据挖掘技术构建信用评分模型一般可以分为十个步骤，分别是业务目的确定、数据源识别、数据收集、数据筛选、数据质量检测、数据转换、数据挖掘、结果解释、应用建议和结果应用。

一是业务目的确定。明确数据挖掘的目的或目标是成功完成任何数据挖掘项目的关键。例如，确定项目的目的是构建个人住房贷款的信用评分模型。

二是数据源识别。在给定数据挖掘商业目标的情况下，下一个步骤是寻找可以解决和回答商业问题的数据。构建信用评分模型所需要的是关于客户的大量信息，应该尽量收集全面的信息。所需要的数据可能是业务数据，也可能是数据库/数据仓库中存储的数据，还可能是外部数据。如果没有所需的数据，那么数据收集就是下一个必需的步骤。

三是数据收集。如果银行内部不能满足构建模型所需的数据，就需要从外部收集，主要是从专门收集人口统计数据、消费者信用历史数据、地理变量、商业特征和人口普查数据的企业购买得到。

四是数据筛选。对收集的数据进行筛选，为挖掘准备数据。在实际项目中，由于受到计算处理能力和项目期限的限制，在挖掘项目中想用到所有数据是不可能实现的，因此数据筛选是必不可少的。数据筛选考虑的因素包括数据样本的大小和质量。

五是数据质量检测。一旦数据被筛选出来，成功的数据挖掘的下一步是数据质量检测和数据整合，目的是提高筛选出来的数据的质量。如果质量太低，就需要重新进行数据筛选。

六是数据转换。在选择并检测了挖掘需要的数据、格式或变量后，在许多情况下数据转换非常必要。数据挖掘项目中的特殊转换方法取决于数据挖掘类型和数据挖掘工具。一旦数据转换完成，即可开始挖掘工作。

七是数据挖掘。挖掘数据是所有数据挖掘项目中最核心的部分。在时间或其他相关条件（如软件等）允许的情况下，最好能够尝试多种不同的挖掘技巧。因为使用越多的数据挖掘技巧，可能就会解决越多的商业问题，而且使用多种不同的挖掘技巧可以对挖掘结果的质量进行检测。例如，在构建信用评分模型时，分类可以通过三种方法来实现——决策树、神经分类和逻辑回归，每一种方法都可能产生不同的结果。如果多个不同方法生成的结果相近或相同，那么挖掘结果是很稳定、可用度非常高的。如果得到的结果不同，在使用结果制定决策前必须查证问题所在。

八是结果解释。数据挖掘之后，应该根据零售贷款业务情况、数据挖掘目标和商业目的来评估和解释挖掘的结果。

九是应用建议。数据挖掘的关键问题是如何把分析结果即信用评分模型转化为商业利润。

十是结果应用。通过数据挖掘技术构建的信用评分模型，有助于银行决策层了解整体风险分布情况，为风险管理提供基础。当然，其最直接的应用就是将信用评分模型反馈到银行的业务操作系统。

6.3 兴业银行社区银行发展小微金融的实践和探索

在近几年的发展中，兴业银行社区银行扎根社区，已经有了比较好的发展基础，并对小微金融做了初步的尝试和探索，对未来的发展做了清晰的规划。

6.3.1 兴业银行社区银行小微金融发展基本情况

截至2016年末，兴业银行共有小微支行24家、商圈型社区支行网点252家。社区银行借助本行及兴业消费金融公司产品资源，再结合社区支行对客户信用信息比较了解的优势，采用线下核访、尽职调查、线上信贷工厂快速审批落地的创新风控模式，向社区周边商户办理小微经营贷、POS流水贷，为小企业、小微商户提供资金支持。

截至2016年12月末，社区支行共发放小微经营贷1832笔，年度发放金额32亿元，执行利率平均上浮40%，小微户均放款金额200万元；小微商户POS流水贷年度发放789笔，受益小微商户654户，合计放款金额9818万元。

6.3.2 小微信贷支持整体思路

兴业银行计划在2017年成立小微信贷中心，专门针对社区周边的小微商户、小微企业和商圈、专业市场内的小企业进行包括信贷、财富管理、供应链融资等在内的一站式专项产品支持。目前兴业银行正在对合作商户、农户、小企业开展信贷需求调研，针对小微企业的不同金融需求，找到为小微企业服务的商业定位与可行的商业模式。

6.3.2.1 对小微企业建立信用评级体系

为更有效地集中防控风险，兴业银行将通过四个方面对小微企业建立信用评级体系。一是数据的收集，收集包括客户在人民银行、公安、工商及其他银行产品数据等已有数据信息，发掘客户信用信息。二是针对不同销售类型的小微企业和商户，如餐饮类、批发类、专业市场类等，建立多重数据分析模型，有针对性地建立起含有大量同质分散贷款信息的模型。例如，针对已在兴业银行办理“兴 e 付”或者收单业务的商户，根据其交易流水和上下游供货、经销商交易情况，核定相应额度；对于在兴业银行有代发的小微商户，通过分行员工代发流水信息和小企业年销售规模、资产负债情况，利用线下团队核访等多重手段，给予商户一定的资金支持；对于商圈市场型小企业，通过上下游供货商交易流水模型分析，给予一定的供应链融资支持，并用统计方法进行检验。三是灵活选择合适的利率及额度发放贷款给客户，根据本行的不同层级采取梯队形计价模型和额度支持。对于 VIP 层级私营业主或者家庭型私营业主，将给予较低利率的小微信贷支持，并对客户辅以家庭财富管理等增值服务；对于一般层级私营业主，为把控风险，将收取更高资金报酬；对于批发类商户，在其迫切需要资金支持的情况下，在经过系列风控评估后，给予快速审批小额过桥贷款，解决商户的燃眉之急。四是建立小微私营业主信用池和小微企业评分卡，系统地分析、评估和修改，不停地分析和监控，及早发现问题，对现有评分卡模型进行改进。

6.3.2.2 打通线上线下风控模型

特色化产品、亲民服务形象是社区银行制胜的关键。兴业银行社区支行今后会更加关注客户的每一个细节，对客户进行差异化服务，利用线下两个俱乐部特定客户群服务，以发展特色商户分期为出发点，在居民各类大额生活消费场景布局，涉及居民婚庆、生育、住房、装修、汽车、教育、养老等各类分期业务。利用线上“大数据”、线下

“软信息”的独有双重风控体系，创新适合社区客户的特色金融产品，如与居民生活息息相关的消费类信贷、与周边商户场景相结合的消费分期等，走一条别具一格的金融差异化道路。目前，兴业银行利用构建社区金融生态圈，打通线上线下，建立线上平台，通过 B 端小微商户销售情况和流水状况，结合线下小微专业团队的核访、尽职调查，对商户小微企业进行一定的小额信贷、信用信贷支持。

6.3.2.3　加强小微产品创新

一是加快研发供应链金融产品支持。开展小微供应链专项产品研发，将银行信用融入上下游企业的购销行为，增强其商业信用，促进小微企业与核心企业建立长期战略协作关系，提升供应链的竞争能力。借助银行信用的支持，中小企业还可以赢得更多的商机，将资金这一“脐血”注入配套企业，激活整个“链条”。

二是以福建省为试点，对农户商户进行专项产品支持。在福建省三明、宁德、南平等地，集中了大量茶农、茶商市场，农民世代以种茶、制茶为生，农户信用情况良好，流水充足，但是在销售淡季，迫切需要资金支持以维持产业的良好循环。目前，兴业银行社区支行已经集中支持类似商户，发放信贷资金合计 3 亿元，但是目前还没有针对该类特定商户的拳头信贷产品。兴业银行正加紧开发“三农”信用类贷款，缓解农户资金需求。

三是针对商圈、专业市场小微企业的专项产品支持。创新第三方合作机构，通过与专业政府、专业市场等第三方合作机构合作，批量开发小微企业贷款。比如，针对专业市场小微商户，在小微支行与社区支行对商圈详细了解的前提下，趋向于简化抵押担保物，甚至向纯信用方向转变。新推出的产品具有担保方式更为灵活甚至无须提供任何担保、审批手续更为简便、额度更高、期限更长、还款方式更为便利等特点，模仿民生银行推出的“易快发”小微采购卡业务，使用信用卡嵌套式工具，专注服务上下游小微企业；借鉴光大银行上海分行“小微企业信贷工厂”的方式，打造小微企业专属信贷审批模式。还款方式主要包括宽限期还款法、期限年审法、限额循环法、资金适配法、额度池周转法五大类。针对特定客户市场进行产品创新。这里的特定专业市场，主要包括网络金融、科技金融、绿色金融、文化金融等新兴金融服务领域。这些领域在国家政策的大力支持下，创设服务于特色领域的专属产品和信贷流程。

7

社区银行与互联网的融合发展

随着中国互联网时代的到来，互联网金融快速兴起，并给银行业带来严峻的竞争压力，对传统银行业的悲观论调甚嚣尘上，出现一些诸如“银行就是21世纪的恐龙”“银行实体网点终将消亡”的言论。面对经营环境的变化，银行网点的转型势在必行。传统的网点运营模式面对互联网的竞争已经明显不具备优势，甚至物理网点要不要继续发展，已经成为摆在银行业面前的一个问题。在此背景下，部分银行把社区银行建设作为网点转型的重要方向。

实体店是否有存在的必要，这一争论始终贯穿于社区银行发展的进程。然而，中国社区银行近些年的发展实践已经证明了其存在的必要性。以兴业银行为例，经过三年时间的建设和探索，其发展模式日趋成熟，业绩逐年递增。与此同时，互联网经过了几年的快速扩张，销售额增速已出现瓶颈。互联网企业开始布局线下，如天猫、京东等互联网企业正在悄然建设实体店。在金融领域，实体网点的不可替代性日渐显现。银行业务涉及金额巨大，选择需要慎重，无论是融资还是理财，都需要面对面的交流，互联网显然无法解决这一问题。而在互联网时代背景下，银行网点发挥的作用也不同于以往，运营模式迫切需要转型。本章主要探讨互联网背景下社区银行的发展策略和方向。

7.1 互联网视角下我国社区银行发展战略定位

移动互联网的发展加快打破了信息不对称，用户主权的时代已经到来，客户更加重视体验，希望得到平等的服务、被尊重的感受、对资金的绝对控制。对于这些需求，社区银行都可以通过拥抱互联网来满足。事实上，当把互联网和社交关系相结合时，基于“协同共享”的移动生态圈的获客成本可以低到忽略不计。在互联网背景下，社区银行需要积极改变原有经营模式，充分利用优势资源，明确战略定位，赢得客户和市场。

在当前竞争激烈的市场环境中，社区银行差异化定位对其发展至关重要。从设立初衷上来讲，社区银行应定位于服务小微企业融资和个人零售业务。在服务小微企业融资方面，一是注重收集小微企业“软信息”，开展关系型融资，降低交易成本，减少信息不对称。二是构建信用评价模型，运用大数据技术分析小微企业经营状况、信用情况和偿债能力等，为降低贷款风险奠定基础。三是构建互联网金融平台，利用大数据和网络实现批量放贷，提高效率。在服务个人零售业务方面，主要是充分利用“本土资源”和“地缘人缘”优势，深耕城市社区，打造满足客户各种需要的金融超市，实现金融信息化。

在经营战略层面，社区银行须重视发展中间业务，将风险系数较低的创新型产品作为研发重点，实现由价格竞争向产品服务及创新竞争的转变，增强理财产品等中间业务的盈利能力，大力发展直销银行，打造综合化服务平台，开发电商和移动金融，培育新的盈利增长点。在此基础上，社区银行应着眼于优势领域，与移动互联网企业建立长期合作关系，积极拓展小微企业和个人零售业务，依靠海量数据，实施客户甄别，提供定制服务，让金融服务更便捷、更高效。

7.2 互联网视角下我国社区银行发展战略选择

信息技术的蓬勃发展给传统银行业带来了新的活力，在移动支付、大数据技术等支持下，未来银行凭借现代信息技术，进行包括支付、产品创新、营销及渠道整合在内的全面业务重组，必将获得新的发展。

7.2.1 从“传统思维”向“互联网思维”转变

传统银行业与互联网金融的竞争归根结底是传统金融业态与互联网思维方式及互联网商业模式间的竞争。在利率市场化、金融自由化的时代背景下，靠吃丰厚利差赚取大额利润的时代已经过去，紧靠原有客户群、局限于原有业务的银行将失去竞争力。银行要以开放包容的姿态拥抱互联网金融，从战略高度谋划互联网金融，综合运用跨界思维、平台思维、用户思维、大数据思维，围绕闲散客户的需求，搭建诸如支付平台、融资借贷平台、供应链金融平台、电子商务平台以及同业业务平台等特色平台，打造经营特色，从而占领金融竞争的制高点。另外，银行要采取开放的态度加强与电子商务平台的合作，依托网络优势积极营销、吸纳新客户，形成双方在风险偏好、数据维度等方面的互补，实现“双赢”。

7.2.2 从“渠道策略”向“平台战略”转变

要将互联网思维植入到社区银行的发展过程中，加大对信息技术的投入，更新和维护信息化的基础设施，建立线上、线下相结合的服务渠道，利用物理网点与互联网金融的双重优势，实现转型升级。线下立足社区，结合当地金融服务需求设立微型网点，办理业务，提供咨询服务。线上将平台作为对物理网点辐射覆盖不足的补充，以直销银行为主，充分利用手机银行、网上银行的便捷性，培养网络客户，并围绕其需求进行业务开发和产品销售，通过业务的互相渗透，发挥强大的交叉销售能力，实现成本的降低。

7.2.3 从“产品导向”（B2C）向“客户导向”（C2B）转变

在互联网时代，高端客户需求逐渐多元化，其不再满足于相对单一的金融产品。针对不同客户的财务状况和风险偏好，有针对性地为其提供最适合其生活方式的金融产品和服务，是社区银行与客户建立长期互信关系的关键。社区银行将转变原有产品和流程设计模式，通过畅通客户沟通渠道，建立高效反馈流程，从整个资产配置的角度为客户提供方案，优化服务流程，设计更符合客户需要的产品。对移动终端用户而言，社区化移动电商银行能够满足其个性化定制需求，受到普遍欢迎。标准化产品以薄利多销为原则，追求效率和定价；定制化产品对接 C2B 通路，通过满足客户最大需求实现高利润。

7.2.4 从“安全第一”向“体验至上”转变

安全性、流动性和盈利性是银行的经营原则，其中，安全性是首要原则。银行往往为了确保资产安全、避免资金风险、实现稳健经营而处处谨小慎微，将客户体验置于一旁。互联网技术的发展，特别是互联网金融企业取得的巨大成功，使银行逐渐意识到用户体验的重要性。在互联网大发展的背景下，社区银行要想持久发展，需致力于提供良好的客户体验，不以安全为由牺牲客户体验，如开启自助注册客户小额支付通道，使客户可以方便地通过网上银行或手机银行缴纳水电费。

7.2.5 从“传统银行”向“数据银行”转变

社区居民多样化的需求对社区银行精细化服务提出了更高的要求，这就需要以对海量数据的精准分析作为支撑。社区银行需加强对经营管理的各个领域、各个环节、各个方面数据的分析、挖掘和应用，通过互联网信息技术详细记录业务处理过程中每个环节的客户行为，为社区居民建立相应的金融消费习惯数据库，通过细致的数据管理提升资本、成本、定价、风险、客户、机构网点、人力资源、服务等各项管理的精细化水平。

7.3 互联网视角下社区银行发展对策建议

7.3.1 提高定位的精准性

为提高定位的精准性，需对市场进行充分调研与科学评估，分析市场现状、潜在对手、发展趋势等，可采用洲OT分析的方法进行全面剖析，增强对市场的把握能力，并结合国家经济金融政策，进行市场开发决策。社区银行植根于社区，社区内的全体居民都应该是其服务的潜在对象。在此定位的基础上，考虑到业务效率和盈利能力的提升，需突出对四类重点客户群的把握。

第一类是对互联网接触较少的人群，如社区中的中老年居民及家庭妇女。这部分人群空闲时间多，可用于储蓄的资金相对宽裕，对传统金融服务的依赖性较强，更乐于接受面对面的理财及储蓄服务。对这类客户，要加强宣传，经常深入其相对集中的地区提供金融咨询，推介产品和服务。

第二类是对互联网的安全性存有疑虑、更愿意亲临银行网点办理业务的上班族。对这部分客户，除加强智能化设备的布放外，还可通过采取错峰上下班制度，便于其在下班时间到网点办理业务。

第三类是对高端金融产品有需求的精英人士。这部分客户有足够经济基础且金融服务需求较为强烈，可主动上门介绍金融投资及理财产品，让其有可能将眼光转向社区银行。

第四类是周边中小企业及商户。对这类客户要针对其金融需求，为其量身定做具有社区特色的金融产品，如较低收费的支票、无抵押贷款、小企业信用卡等。

7.3.2 推进信息化建设

在以“80后”“90后”为主体的消费群体支付方式变革的带动

下，与移动电子商务的融合将是社区银行发展的重点，具有广阔的市场空间。融入生活、走进社区既是社区银行的服务特点，也是未来电子商务服务发展的趋势。社区银行依托以手机银行快捷支付为代表的多样化支付平台、周边商户构成的商圈体系，以便民服务为宗旨，深入分析客户行为及企业需求，搭建线上、线下一体化的营销平台，将银行线上业务与客户线下体验以及实体商户充分融合，加快其在移动电子商务领域的金融创新，建立互利多赢的电子商圈营销体系，提供区域化、个性化、覆盖生活方方面面的社区金融服务。打造网购电商平台是重要的途径之一，社区银行借此可吸引更多热衷于网购的中青年消费者，挖掘潜在客户，从而为社区银行带来新的业务和利润。

7.3.3 打造体验式营销模式

畅通服务渠道，推行特色化、多样化、社区化的营销创新策略，将营销主战场设在柜台之外，围绕消费者的感觉、感情、思维及行动等方面开展主动、定向的体验式营销。社区居民以生活服务为主要需求，对此，社区银行应更加注重服务的主动性、人性化，强调关系营销。在未来社区银行战略实施中，要将金融服务与生活服务深度融合，充分发挥社区银行直接贴近社区的人缘、地缘优势，强化交叉销售，把社区银行打造成为深化财富管理、移动金融与电子银行等战略重点业务的营销前置平台。在营销中要注意双向沟通，注意收集客户反馈信息，进一步调整和改进策略，引入客户关系管理系统，开展有针对性的营销活动，满足客户切身需求。

7.3.4 建设智能化网点

在互联网背景下，社区银行的网点建设应突出智能化、人性化，为客户提供自助式体验。设置特色化人工业务办理区、24 小时自助业务区和增值自助服务区等，深化客户交流，突出客户体验，强调特色感与层次感。在人工业务办理区，既要突出服务标准化、优质化，也要突出业务办理的特色化、个性化。需配备两类专业人才：一类是专业的理财规划人员，针对社区居民日趋强烈的理财需求提供相应服务，随时接受居民的理财咨询；二类是电子银行专业人员，负责向客户宣传讲解电子银行的使用规则，增强客户黏性，实现服务最优化。以客户自助为主的定位决定了客户在社区银行的大多数业务是通过自助设备完成的。一方面，通过为客户提供24小时全天候服务，满足了客户绝大多数的需求；另一方面，压缩了银行员工的数量，节约了人力资本。机器设备的配置程度决定了自助业务办理区的层次，一个社区银行网点至少应配备3台或3台以上机器，包括自动取款机、自动存取款机、查询服务终端机等。配备远程可视柜员机也是社区银行提升服务档次的有力途径，该机器通过“面对面”的柜台服务，为客户提供远程客服，打造“无人银行，有人服务”的虚拟化网点。增值自助服务区强调人性化的体验，即以客户生活习惯、操作习惯为依据，配备手机、iPad、电脑等设备，让客户在工作人员的指导下现场体验电子银行业务，为其提供满足功能需求和心理需求的优质服务。

7.3.5 提供多元化的便民服务

为社区居民提供便民服务是拉近银行与居民之间距离、增强客户黏性的有效措施。在互联网技术高度发达的现代社会，社区银行应注重通过开发网上综合服务App，加强与小区物业、社区便利店等周边商户的合作，让社区居民足不出户就能享受诸如水电物业费缴纳、点餐、日用品配送、水果团购等便捷的服务，提高客户体验效果。在线下网点为社区居民提供健康体检、电子游戏等增值服务，融入社区、惠及百姓，营造温馨舒适的氛围。在服务的过程中推广银行业务，如提供银行卡的便捷支付方式，最大限度地拓展客户群。

7.4 兴业银行线上平台建设

7.4.1 平台简介

兴业银行社区银行的线上平台称作“兴·智慧社区”平台，是为服务社区居民乃至全行零售客户而打造的综合性服务平台，其目的是实现金融服务与非金融服务的有机整合与创新。该平台依托大社区（商圈+社区）的天然社交生活场景，拟通过整合兴业银行集团内的业务资源及第三方增值服务，将物业、商户、医院、学校等居民日常生活场景融入，深度挖掘社区服务的商业潜力，利用财富业务、安愉人生产品、消费金融、信用卡业务、日常支付、代缴费等，在理财、贷款、养老、旅游、商户联动等方面全面拓宽服务触角，将兴业银行“四大人生”产品真正融入社区居民衣食住行等方方面面，打造银行综合服务平台，实现线上交易与线下金融的对接融合。同时，通过线下网点“财富论坛沙龙”机制、网点节假日活动等营销模式，进一步将线上客户引入线下网点，进行客户需求的深度挖掘与营销，构建社区公共信息共享、社区信息交流、社区金融服务、非金融增值服务为一体的多市场、多业态、综合化的智能社区综合服务平台。未来，随着平台用户的不断积累，将吸引更多第三方机构融入与合作，发掘更多平台盈利优势，进一步释放人力资源，实现从贷款提供者向资金组织者、撮合交易者和财富管理者的转变，最终实现网点利润的超常规发展。

社区银行作为直接面对大众的新型金融服务载体，便民、利民、惠民的理念和不断服务、挖掘、提升中低端客户的功能定位，使其与普惠金融本身就有一脉相承的关系。为顺应年轻人的互联网消费习惯，兴业银行依托未来消费金融和小微金融广阔的发展前景，依靠兴业数字金融服务公司统一账户体系基础支撑和互联网创新能力，立足社区，探索线上线下发展道路，引领社区银行进入“互联网+”的网点科技转型3.0时代——开发“兴·智慧社区”线上平台，以“消费信贷”作为社区居民需求点和创新触发点，利用兴业消费金融公司创新风险评估体系与产品设计模型，通过线上、线下相结合的风控管理模式，结合“智能理财”模块，致力于构建个人客户、小微企业信用评级平台的探索，将业务重心定位于为当地个人客户和中小企业提供一站式金融服务，创新经营模式，进一步提升人员效率和资产收益率，不断推动产品和服务模式的进一步转型升级，全面助推社区银行跨越式发展。

7.4.2 社区“惠商城”线上平台

社区“惠商城”平台是兴业银行针对线下网点搭建的普惠金融互联生态圈平台，是为兴业银行零售网点渠道打造的银行零售业务解决方案。方案以“四方联动”模式为理论基础，通过搭建小区商城、微银行和金币系统，构建商户金融生态圈和社区金融生态圈，实现银行与用户的密切互动，增加银行的差异化竞争优势。

社区“惠商城”平台如图7－1所示。

图7－1 社区“惠商城”平台

普惠金融互联生态圈如图7－2所示。

普惠金融互联生态圈 全行使用统一的微信服务号，使用定位功能进入所在城市页面			
小区商城	微银行平台	虚拟金币系统	用户俱乐部
➤ 以社区为单位运营 ➤ 特惠商品线上订购 ➤ 社区物业深度合作 ➤ 兴业银行用户专享 ➤ 周边商户信息接入 ➤ 物业、家政服务预约 ➤ 用户俱乐部推广	➤ 关联周边社区银行 ➤ 在线业务预约、咨询 ➤ 在线办卡、理财购买 ➤ 物业、水电费缴费 ➤ 社区家政服务预约 ➤ 平台专属金融产品	➤ 金币全平台通用 ➤ 办理业务，获取金币 ➤ 与用户俱乐部关联 ➤ 金币抽奖、换购 ➤ 有效增加用户黏性	➤ 全生命周期体验 ➤ “童兴俱乐部” ➤ “安愉人生俱乐部” ➤ 全国性机构合作 ➤ 社群营销思路 ➤ 扩展各年龄段产品

图7－2　普惠金融互联生态圈

7.4.2.1　小区商城模块：贴近居民生活的商品和金融服务

小区商城是向用户提供商品和社区服务的综合性平台，包含线上和线下两大模块，旨在用最优惠的商品和最便民的服务消灭银行与用户间的“最后一公里”。目前，在龙岩试点的平台已包含民生商品在线购买、商户优惠推送和线上抽奖系统两部分功能。为保证此次项目的推进速度，抢占市场先机，创银在项目实施阶段将先采用现有平台，一方面进行商户和小区拓展，获取线下资源，另一方面持续进行平台开发，保证全功能平台的尽快上线。

小区商城模块功能介绍见图7－3。

除线上平台外，创银还提供一系列线下推广活动解决方案。特别是针对兴业银行的“童兴俱乐部”和“安愉人生俱乐部”，创银在小区商城中集成了专门的推广渠道和推广策略，能够有效帮助兴业银行实现产品推广和用户转化。

7.4.2.2　微银行模块：社区银行服务O2O

微银行模块为针对社区银行设计的O2O服务平台，集合了业务预约、在线办卡、理财服务等银行业务，并通过提供便捷的物业服务（如物业费、水电费代缴，社区维修和家政服务预约等）、整合银行周边优惠信息，提高用户的使用频率和使用黏性。

			产品层面	用户层面	银行层面
小区商城平台	线上①	商品	民生商品购买	· 兴业用户独享特惠商品 · 线上和线下双支付渠道 · 平台商品退换货服务	· 切实把握用户生活需求 · 与产品供应商直接关联
			商户优惠推送	· 获取社区周边商户信息 · 兴业用户可购优惠产品	· 构建银-商异业联盟 · 依托商户推广银行产品
		服务	用户俱乐部	· 针对不同用户群的俱乐部 · 俱乐部产品推送 · 俱乐部入会办理	· 贯彻社群营销理念 · 产品导向转化为客户导向 · 多元化推广模式
			线上抽奖系统	· 使用金币可参与平台抽奖	· 增加用户对平台的黏性
			社区服务预约	· 在线预约物业、家政服务	· 增加社区银行社区性
	线下		社区推广活动	· 银行服务社区便捷办理 · 商城产品线下购买 · 用户俱乐部推广 · 社区休闲文娱活动	· 增大与用户的接触面 · 提升银行形象 · 社区银行员工产能提升

注：①此处所展示的为小区商城最终设计方案，为缩短平台上线时间，实施时先使用创银现有平台（下划线部分功能），4～6个月后进行升级切换，实现全部功能。

图7－3 小区商城模块功能介绍

7.4.2.3 用户俱乐部模块：全生命周期的社群营销模式

把握不同年龄段用户的需求是银行零售业务发展的关键点之一，用户俱乐部模块将这一功能嵌入普惠金融互联生态圈。目前，针对“童兴俱乐部”和“安愉人生俱乐部”，创银已经为兴业银行设计了完善的线上和线下推广策略。另外，兴业银行的活力人生、百富人生、寰宇人生等产品也可以加入普惠金融互联生态圈，为用户提供更全面、更完善的产品体验。

全生命周期的社群营销模式见图7－4。

7.4.3 泉州、龙岩分行平台运营情况

普惠金融互联生态圈项目2016年上半年已经在兴业银行福建泉州分行和龙岩分行进行试点，在覆盖率、转化率、复购率和渗透率

	童年	青年	中年	老年
需求	·儿童教育需求 ·娱乐社交需求 ·教育机构辨识需求 ·核心理念——梦想	·社交需求 ·运动需求 ·娱乐需求 ·核心理念——活力	·投资理财需求 ·子女留学教育需求 ·境外旅游、投资需求 ·核心理念——财富	·养老需求 ·保险理财需求 ·生活服务需求 ·核心理念——大健康
产品	➤“童兴俱乐部”	➤“活力人生俱乐部”	➤“百富人生俱乐部” ➤“寰宇人生俱乐部”	➤“安愉人生俱乐部”
执行	√教育机构线下体验 √金融产品线上推广 √报名可获积分换礼品 √兴业银行中收、结算	√入会获积分和礼品 √社区运动会 √信用卡线上推广 √健身娱乐商户接入	√旅游、留学咨询 √境外金融服务介绍 √入会获积分礼品 √金融理财讲座、咨询	√健康讲座+知识推送 √理财产品线上推广 √入会可获积分换礼品 √每日网点扫码获积分

图7－4 全生命周期的社群营销模式

等方面均表现良好。兴业银行在执行过程中也积累了非常丰富的推广和运营经验，能够应对项目运营过程中的各类问题。

7.4.3.1 兴业银行泉州分行平台运营情况

兴业银行泉州分行已经上线595家商户，每天提供近5000种特惠，通过这种合作模式，每天直接或间接影响到6000余人，带动银行零售产品的发展（线上快速发卡、兴业通结算、代发等，提高用卡环境），线下拓展210个小区，7万多住户享受平台特惠，近15万个有效客户群，有效地带动了兴业银行“兴管家”业务的进入。

兴业银行泉州分行微信客户群情况见表7－1。

表7－1 兴业银行泉州分行微信客户群情况

项目	新增关注人数	当前关注人数
关注粉丝	8112	90256
注册会员	9072	10922

7.4.3.2 兴业银行龙岩分行平台运营情况

兴业“惠商城”项目自2016年7月5日正式立项实施以来，整体运营情况良好，主要指标均达到预期水平，人员培养和团队建设符合项目需求，线上、线下活动开展效果良好。

7.4.4 泉州与龙岩地区主要运营指标分析

7.4.4.1 商户及社区合作情况

“惠商城”项目计划半年内签约合作商户300家，合作小区80家。截至目前，商户签约总数275家，小区签约60家。小区现拥有广告位1040个，已放置广告的广告位400多个。平台上线以来，签约合作数量增长情况良好。达到计划进度后，10月商户签约数量有所减少，团队主要任务由商户拓展转移到平台运营方面。目前因在线支付未打通，着力于平台维护、优化及推广。兴业银行龙岩分行商户及社区合作情况见表7－2。

表7－2　兴业银行龙岩分行商户及社区合作情况

	7月	8月	9月	10月	11月
商户签约数	50	80	72	24	49
小区签约数	15	25	8	8	4

社区合作资源情况详见图7－5。

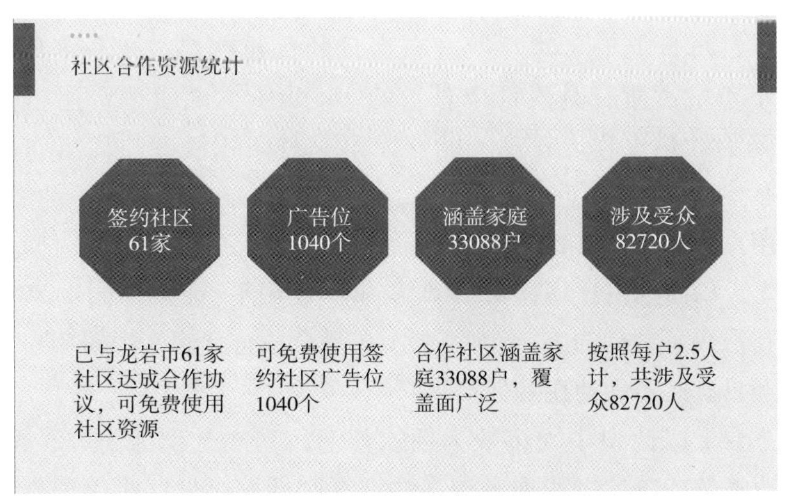

图7－5　社区合作资源情况

7.4.4.2 用户增长情况

新增用户、新增订单和订单实际消费数均呈现稳步增长趋势。从用户来源分布情况看，45.87%的用户通过公众号获取信息成为会员，35.40%的用户通过银行渠道成为会员，16.89%的用户通过“惠商城”分享成为会员。平台的线上运营和银行渠道推广效果良好，“惠商城”分享也起到了有效的二次流量分发作用。兴业银行龙岩分行社区支行用户情况见表7-3。

表7-3　　兴业银行龙岩分行社区支行用户情况

	订单数	消费数	评论数	新注册会员
7月	1571	983	97	5472
8月	7161	4486	539	8669
9月	9990	6050	876	7487
10月	10296	5317	748	5207
11月	10130	4911	836	2906
总计	39148	21747	3096	29741

7.4.4.3 平台使用情况

平台每日上午8时开始发布当日的优惠产品，上午8时至9时的下单量占所有时段订单总量的36.69%，说明平台用户使用平台购物的热衷程度较高，能够在第一时间积极参与优惠商品的抢订活动。

用户使用平台首次下单购物后，第二次在平台抢订的时间间隔在1.5天以内的占比高达42.50%。多次使用平台的用户中，80%以上会在首次下单后的11天内第二次在平台抢订优惠，说明用户对平台已经具有一定的使用黏性。

平台上线商户中大多数为餐饮行业，其次分别为美容、娱乐、健康服务等。餐饮行业拥有较高的需求刚性，对长期吸引用户使用能起到较明显的作用。

7.4.4.4 宣传推广活动及成果

2016年7月19日，“惠商城”上线当天进行华为手机秒抢活动，单日净增注册用户2183人；8月22日小区商城试运营当天，在清华御景小区进行预热活动，单日净增注册用户达到854人；10月18日龙岩学院地推活动单日净增注册用户755人，其他日期平均新增用户数为194人。中秋和国庆期间由于居民外出及返乡，用户增速出现了短暂的减缓，但在节后均迅速恢复。

7.4.4.5 平台产品及奖品情况

线下实物奖品价值147854元，参与抽奖人数7653人，总抽奖次数26464次，最大抽奖次数106次，平均抽奖次数3.5次。奖品全部由合作商户免费提供。用户抽奖频次分布见图7－6。

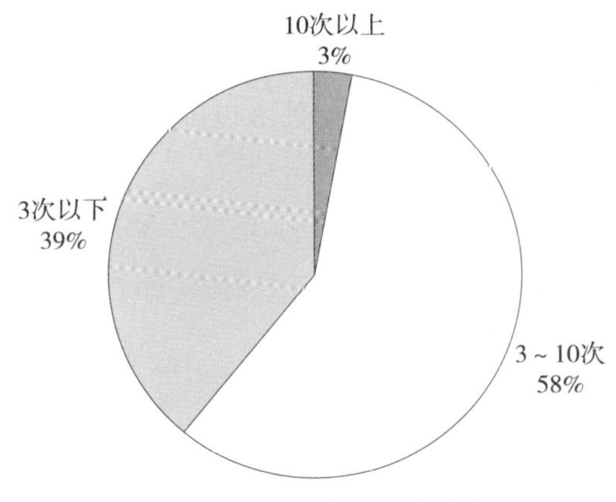

图7－6 用户抽奖频次分布

7.4.5 需要打通更多产品和服务，实现更高的业务转化率

目前，通过“惠商城”实现的银行业务转化主要包括理财产品

1857万元、信用卡305件、“兴业通”35户、微信支付30户、贵金属30套、代发工资2户、对公户4户、兴业管家3户以及其他业务若干。总体来看，平台向银行业务的转化成果还不够显著。通过分析，我们认为限制转化率提高的主要因素有两点。

第一，线上支付不够流畅。由于合规性、安全性要求和技术限制，平台上线以来一直未能开通线上支付，对用户而言，只能通过线上抢订、线下支付的方式进行消费，用户体验不够流畅。目前，通过创银金融科技团队和兴业银行的共同努力，兴业“惠商城”的小区商城模块在2016年末开通线上支付功能。平台可通过判别用户是否为兴业银行客户而提供不同等级的优惠。预计这一变化将对平台的用户使用率和客户转化率提高起到积极作用。

第二，平台与银行业务的衔接需要进一步加强。目前，平台的主要业务还集中在构建银行、商户、社区异业联盟，通过非金融服务吸引用户层面，对银行业务的嵌入还需进一步提升。微银行系统和金币系统将把平台服务和银行业务从更多维度建立关联，让商户、社区和消费者在使用过程中真正体会到兴业银行服务的便捷、实惠，实现平台向银行业务转化率的进一步提高。

8

社区银行未来发展展望

8.1 研究结论

随着我国经济快速发展和经济规模不断增大，国内居民和家庭的金融财富不断积累，中小企业在经济活动中的重要性不断凸显。近年来，国内的金融需求结构发生了较大变化。然而，我国的金融体系以及银行业的发展却相对滞后，致使金融市场出现了结构性的供需失衡。在此背景下，本书以兴业银行为研究对象，探究和总结了其在社区银行发展方面的实践和不足，分析和借鉴了美国富国银行的成功经验，并且综合研究所得，用于指导兴业银行以及国内社区银行的发展。

本书主要研究结论如下：

第一，通过对社区银行效率机制的理论分析可以看到，国内社区银行的发展将提升银行资产管理、负债管理、流动性管理和风险管理四个方面的效率，进而提升银行整体的效率水平；银行效率的提升将促进国内资本的形成和金融市场的稳定，最终推动经济发展。通过研究与实践，我们发现，短期内兴业银行由于以规模扩张为主，因此其纯技术效率和规模效率均未发生变化，但配置效率得到了较大提升，预计未来一段时期，兴业银行社区银行将经历纯技术效率和规模效率的快速增长。

第二，通过对美国富国银行经营特点、盈利模式以及创新产品等方面的分析，我们得出以下六点富国银行的成功经验，为国内社区银行经营发展提供借鉴和参考。一是从经营战略上重视居民和中小企业等金融业务，二是实施交叉销售战略，三是做好客户细分与业务协调，四是提高风险管理效率，五是完善组织结构与管理，六是注重社区银行产品与服务创新。

第三，对兴业银行社区银行盈利状况进行经验分析可以看到，兴业银行社区支行的资产收益率随着社区支行规模的扩大而下降，这主要是因为社区银行单个网点处于规模报酬递减区域，也表明社区支行当前网点规模较适宜；此外，信贷资产占比的上升将降低社区支行资产收益率水平，其原因是信贷资产占比的上升降低了社区银行资产管理和风险管理的效率，进而降低了社区银行的收益，表明资产多元化是社区银行收益增加的一个关键因素。

第四，以兴业银行为例，本书从组织结构建设、组织内部协作、信息技术应用、服务品牌打造、团队建设和培训体系建设六个方面阐释了银行经营过程中核心竞争力的构建，并给出了基于上述六个方面的银行核心竞争力构建模型，为其他银行经营发展提供借鉴与参考。

第五，基于社区银行网络，构建小微金融平台，同时充分运用信息技术和先进的信用评价体系，可推动我国小微企业的发展，提高社区银行经营绩效。本书以兴业银行社区银行为例，阐释了上述路径的可行性。

第六，在互联网时代下，传统银行的战略定位和选择应当适应以下五个转变：一是从“传统思维”向“互联网思维”转变，二是从“渠道策略”向“平台战略”转变，三是从“产品导向”向“客户导向”转变，四是从“安全第一”向“体验至上”转变，五是从“传统银行”向“数据银行”转变。基于上述转变，本书给出了银行业在互联网时代下的发展建议，同时以兴业银行为例，介绍了其发展实践。

第七，通过介绍社区银行发展中所应用的客户识别模式、客户潜在需求挖掘模型、网点密度模型、交叉销售模型和员工效率模型等创新模型，阐明了社区银行的精细化管理思想及操作流程。最后，基于对兴业银行社区银行经营收入的估计，展示了其巨大的增长潜能。

8.2 社区银行未来效益预估

迄今为止，社区银行在国内的发展仅仅处于起步阶段，各家银行都在探索社区银行的盈利模式和发展规划，而这其中，兴业银行社区银行的发展路径已基本形成，并且相对比较清晰。从兴业银行社区银行当前的发展策略来看，未来兴业银行社区银行收入将主要由两部分构成：一部分是平台产品利息收入，主要指通过吸收储蓄、发放贷款以及投资证券等常规业务而获得的收益；另一部分是平台非利息收入，主要指为客户提供资本和现金流管理服务等获得的收益。

8.2.1 净营运收入

据初步估算，兴业银行单点社区支行物理网点可以产生净营运收入 500 万元，具体营收分解如下。从兴业银行由客户关系管理系统提取的数据来看，钻石客户户均净营运收入是 2 万元，黑金客户户均净营运收入是 1.65 万元，白金客户户均净营运收入是 0.76 万元，黄金客户户均净营运收入是 0.28 万元，一般核心客户户均净营运收入是 0.15 万元。按照分层分类管理客户构想，社区支行将通过匹配人员能力与客户层级来维护客户关系：社区支行行长负责服务与维护黑金层级以上客户，能达到的饱和管护人数为 50 人；高级业务经理主要负责维护白金、黄金层级的客户，能达到的饱和管护人数为 250 人；初级业务经理维护一般核心客户，饱和管护人数为 1500 户。理论上，一家社区支行可以维护一般核心以上客户 1800 户，普通客户 3700 户，合计 5500 户，按照 1000 家社区支行估算，全行社区支行理论上可以维护 180 万核心及以上层级客户，550 万客户总量。社区支行按照客户类型细分并管护相应客户规模，初步估算一个网点可以带来价值 500 万元左右的净营运收入（详见表 8－1）。

表8－1　　社区支行网点客户经营目标

岗位	维护客户层级	户均贡献（万元）	人数	可实现净营运收入（万元）
社区支行行长	黑金及以上	1.65	50	82.5
高级业务经理	白金、黄金客户	0.42	250	105
初级业务经理	一般核心客户	0.15	1500	225
其他收入（万元）	50			
小计（万元）	500			

资料来源：作者编制。

基于表8－1可知，从收入规模看，一般核心客户所带来的营运收入最多，其次为白金和黄金客户，黑金及以上客户最少；但从户均贡献看，其变化趋势恰好相反，黑金及以上客户户均贡献最多，余下依次为白金与黄金客户、一般核心客户。造成上述现象的主要原因是不同层级客户的总体规模与户均贡献呈反方向变动，而且其差距较不同层级户均贡献的差距要大，综合作用致使不同层级总营运收入随着层级的降低而增加。这也反映出从总体营运收入来看，社区支行的核心客户群为一般核心客户，其次为白金与黄金客户群，最后为黑金及以上客户群。这种划分并不是要求降低更高层级客户的服务质量，而是要让员工和管理者从整体上重视各个层级的客户，此认识将更有助于培养社区银行整体的服务意识，提高其服务质量。

根据上述数据以及分析，兴业银行社区支行未来发展的基本路径如下：首先，基于社区银行扩张战略以及网点密度模型继续扩张社区支行的终端，以此增加不同层级的客户规模，我们将此称为社区银行的外延式拓展；其次，根据客户识别模型和客户潜在需求模型，深度挖掘客户的潜在需求，拓展社区银行金融产品和服务的需求数量，进而增加客户的户均营运收入贡献，我们将此称为社区银行的内涵式拓展；最后，基于客户识别和潜在需求的挖掘，明确其潜在的客户层级，当其实际层级低于潜在层级时，通过定向的服务，充分挖掘出客户的潜在需求，进而达到客户升级的目的，这样在规模不变的情况下，社区支行的营运收入也会增加，这也属于社区银行的内涵式拓展。

8.2.2 非营业收入

兴业银行社区银行一直以来致力于"金融—商业—生活"的一体化平台搭建。首先，基于总行、分行、支行、社区支行协作分工，根据各层级机构的资源优势以及职能分工，大力拓展社区周边商户，通过金融服务商户、商户带动客户、客户回归金融的闭环式商业模式，线下拓展营销社区周边1.5公里商户，线上辐射社区周边5公里范围内商户，为社区支行搭建错综有序的、网格化的经营服务平台。其次，积极探索商业与金融的有机结合，通过对商户精细化的沙盘管理，深度了解周边商户金融需求，以主动授信、代发工资、兴业通、商户财富增值管理等多产品、多手段绑定，向商户提供可持续的金融产品和服务，提高商户对社区支行的满意度与忠诚度。此外，锁定社区特定目标客户群，构建小微商户与社区居民集群化的营销管理模式，打通"大社区"营销服务产业链，拓展结算型储蓄存款，拓宽社区支行盈利渠道。目前，兴业银行社区银行平台成效初显，已显现出较大潜力。从兴业银行前期试点的情况看，某分行以下辖50多家社区支行网点作为平台谈判议价规模，与中粮集团省属机构洽谈内购分润，中粮集团报价为销售额的8%，类似合作三方给出的分润价格都在5%～10%，按照前期的运营效果、上述平台搭建和社区支行未来两个俱乐部全面落地的规划预测，单点社区支行可以实现约100万元的平台非利息合作及分润收入。

因此，综合上文关于营运收入与非营运收入的测算，如果社区银行达到预期的收益水平，兴业银行单个社区支行可以实现630万元左右收入，如果按照2018年兴业银行规划，网点达到1200家，预计兴业银行社区银行可以实现净营运收入75亿元左右。

8.3 社区银行发展展望

社区银行是我国金融领域的新兴业态，在近几年的探索过程中，国内的社区银行虽经历过曲折，但以兴业银行为代表的一些股份制银行已经发展出比较成熟的经营模式，可以说已经形成了“中国式社区银行”。我国社区银行的发展将进一步完善便民利民服务措施，有效弥补城市金融服务盲点，改进零售客户服务，提升客户体验，推动零售业务持续健康发展。随着利率市场化的推进，银行的盈利模式将发生重大转变，营销成本、获客成本将会上升，谁能掌握客户的黏性和忠诚度，谁才能在利率市场化的未来获得有效的利润支撑。可以说，社区银行是利率市场化银行策略的可行之策，也将成为商业银行竞争的焦点。

推出社区银行服务是兴业银行积极贯彻党的十八大精神、落实国家金融惠民政策的重要举措，是兴业银行努力践行社会责任、弥补传统金融服务盲点、宣传普及金融知识、树立良好企业品牌形象的积极探索，是兴业银行转变服务经营模式、关注基层民生、主动服务社区、改进并提升社区环境、贴近市场与客户的有益尝试。兴业银行依托于自助银行的社区银行服务点对加强与客户的沟通与交流、指导客户正确并充分使用服务设施、丰富社区民众金融知识、密切客户与本行的业务联系、推动兴业银行零售业务发展具有重要意义。

目前，国内社区银行的建设尚处在探索期，社区银行的发展也面临着巨大的考验。但是，根据金融共生理论，社区银行能有效缓解中小企业资金供给不足，促进新兴产业发展，为推进都市区建设、加快同城化进程、推动城市转型综改试验区建设提供金融支持。同时，社区银行在整合现有资源、依托科技力量、构建社区银行渠道网络、服务社区私人客户和小微企业客户方面存在较大发展空间。总体来看，目前国内的社区银行建设还处在揽储和“圈地”的初期，社区银行的发展在短期内将面临巨大的经营与内控挑战。但是，随着银行内控机制的进一步完善，社区银行将在区域经济发展严重不平衡的复杂环境下，形成层次鲜明、相互补充的社区银行发展体系。因此，我国社区银行未来发展前景广阔。

未来的社区银行，商业模式将更加多样化、标准化，作为银行零售业务的触角，社区银行也将被赋予更多的重任。社区银行是一个金融的服务链条，银行应该认识到自身的优势，寻找合作者，对方既可以是渠道资源的掌握者，也可以是内容的提供者。要在“人才”“客户”“体验”“价值”四个方向上发力，还要进一步细化、明确社区银行的概念、经营特点、竞争优势、经营效率、业务绩效、风险防控等诸多细节，并结合互联网金融和大数据分析等技术的发展，进一步研究如何利用科技手段为社区金融客户提供便捷、安全、一站式社区金融服务，为金融业的发展开辟出一条新的路径和方向。社区银行将成为中国金融业一片新的蓝海。

附　录

兴业银行社区支行管理办法

（2015 年 4 月修订）

第一章 总 则

第一条 为进一步规范本行社区支行经营管理，构建社区支行良性发展机制，提升社区支行对零售业务发展的推动作用，根据《中国银监会办公厅关于中小商业银行关于设立社区支行、小微支行有关事项的通知》（银监办发〔2013〕277 号）及本行支行网点管理相关制度规定，特制定本办法。

第二条 本办法所称社区支行是指定位于服务社区居民和小微企业的简易型银行网点，属于支行的一种特殊类型。与传统支行相比，功能设置简约，定位特定区域和客户群体，服务便捷灵活。

第三条 本行社区支行的分类

（一）简便型社区银行。指立足社区，为城乡居民、小微企业[①]和其他经济组织提供除人工现金服务外的便民金融服务的小型服务网点。

（二）全能型社区银行。指立足社区，为城乡居民和其他经济组织提供含人工现金服务在内的便民金融服务。

部分符合社区支行建设标准的本行小型零售支行网点，仍纳入社区支行进行管理，称“全能型社区支行”，对外挂牌传统支行，以满足北方地区分行和商圈型社区支行的现金业务需求。

（三）小微支行。指立足社区，侧重于小微企业信贷咨询及授信

① 此处所称小微企业是指《中华人民共和国中小企业促进法》《国务院关于进一步促进中小企业发展的若干意见》（国发〔2009〕36 号）等文件中定义的小型、微型企业。

业务，为城乡居民、小微企业和商圈、批发市场、产业园区等其他经济组织提供相关业务咨询、代缴费、自助存取款、小微企业信贷及相关业务咨询、个人融资业务受理等便民金融服务的支行网点（如未单独阐述，本文中小微支行的相关业务管理规定同简便型社区支行）。

第四条　本办法属于“管理办法”，适用于全行各级机构。

第二章　社区支行的组织管理

第五条　社区银行的组织管理采取总行、分行、支行三级管理模式，每个管理层级涉及众多业务条线和部门，需明确分工，理清职责，并有效协同，提升社区支行运营管理效能。

第六条　总行社区银行建设办公室是全行社区银行的主管部门，主要职责：负责全行社区银行建设和发展规划的制定、社区支行运营管理；社区支行产品、营销、服务的组织推动以及相关制度和产品在社区支行落地执行；协助总行相关部门社区银行相关的人力、财务、业务管理等相关政策的制定，以及大型宣传、营销活动的策划和组织落实；负责组织开展社区银行经营业绩的考核和评价，以及社区支行骨干人员的培训和相关课程的编写。

第七条　分行零售事业部是社区支行的主要负责部门，由其下设的社区银行运营管理中心承担社区银行的管理职能。分行辖内社区支行开业数达到10家（含）以上的一级分行，在零售事业部下设社区支行运营管理中心（以下简称管理中心），配备1～3名正式人员；辖内社区支行开业数在10家以下以及异地分支机构，根据实际情况设立社区支行运营管理岗，人员由分行根据实际需要确定。

运营管理中心主要工作职责：负责分行辖内社区支行运营管理工作、社区支行的业务组织推动和相关制度的制定和落实。负责社区支行大型营销、宣传活动的策划、组织等，社区支行考核定级、社区支行品牌建设及维护、组织开展辖内社区支行人员培训，协调落实人、财、物等相关资源政策的落地以及各相关职能部门的协调，负责开展对社区支行以及各岗位人员的考核和定级。

第八条 管辖支行主要职责：管辖支行对其所辖的社区支行网点主要职责是负责社区支行前期选点，协助社区支行实施网点建设；负责社区支行的日常运营管理、营销策划和活动组织工作，并与社区支行经营业绩挂钩。社区支行的员工由管辖支行统一调度安排，经营业绩归入管辖支行。社区支行每日账表应并入管辖支行，由管辖支行负责平账检查及内控风险管理。协助分行做好社区支行安保工作。

第九条 分行相关部门岗位职责及分工

（一）分行办公室主要职责：制定辖内社区支行发展规划，负责网点选址和建设，落实网点装修和日常维护，落实相关硬件设备的采购和安装；负责指导社区支行的人员配备、调配和编制管理。

（二）分行会计结算部主要职责：负责社区支行的授权管理，重要凭证、印章日常会计核算管理，操作人员业务培训和准入资格的认证，相关业务制度和操作流程的督导落实；负责内控监督和检查辅导等，确保业务处理合规；负责对社区支行操作部门组交易的维护，保证业务正常开展。

（三）分行信息科技部主要职责：协作选址过程中通讯线路接入、供电等资源的审核；负责弱电系统的设计与施工；协助供配电及应急供电的设计；负责功能区划分及网络安全控制；负责电子设备与基础硬件的安装与调试；负责系统及相关科技运营保障，确保业务顺利开展。

（四）安全保卫部门主要职责：负责社区支行安全保卫工作的规划和管理；负责对社区支行安全、消防设施建设及安全防范工作的指导、检查、监督；负责调查、处理分行立案（上报）的社区支行安保类案（事）件；负责辖内拟设社区支行场所及周边环境的安全考察（调研），并提出安全评估意见和建议；负责辖内社区支行安防设施建设的立项、论证、申报、安装、验收及维护管理；负责或配合向公安机关备案以及审核社区支行消防设计文件、进行消防工程验收备案或消防验收申报。

第三章　社区支行的命名、业务范围及定位

第十条　本行社区支行、小微支行与管辖支行的命名原则保持一致，统一规范表述为“兴业银行＋城市名＋街道、商圈或社区名＋社区支行或小微支行”，如“兴业银行福州联邦广场社区支行”。

第十一条　社区支行可受理的业务范围

社区支行可受理各项零售业务。具体包括：现金业务，吸收公众存款，发放短期、中期和长期贷款；办理国内外结算；代理兑付、承销政府债券；买卖、代理买卖外汇；从事银行卡业务；代理收付款及代理保险业务；经中国银行业监督管理委员会批准并经其上级行授权的其他业务。

（一）简便型社区支行原则上不办理人工现金业务、对公业务。侧重发卡、签约、销售、结算、代扣代缴、个贷客户拓展和业务咨询等；小微支行除上述外，侧重信用卡业务、个人融资业务受理及相关业务咨询、小微企业信贷及相关业务咨询、收单业务拓展等。小微支行可受理对公业务，单笔企业授信余额不超过500万元。

（二）全能型社区支行除具有上述业务范围外，还可受理人工现金业务。

各分行应根据当地银监局批复的牌照范围确定辖内各社区支行的业务办理范围。

第十二条　社区支行业务定位

（一）社区支行定位以销售为主要职能，并借助支行网点资源提

升客户数量。

（二）与社区周边机构、家委会、服务中心等建立长期合作关系，全面掌握区域内客户的销售行为和金融服务需求，为客户提供优质的增值服务。

（三）充分运用销售渠道，积极拓展和挖掘客户资源，并有效维护和提升现有客户，使客户价值贡献最大化。

第四章　社区支行选址及面积标准

第十三条　社区支行服务定位于社区居民、各专业市场个体经营户、沿街商户等，因此选址主要方向为居民社区、商圈。网点选址原则上遵循以下要求：

（一）居民社区的选址标准

1. 物业规模。应选择所在城市的人流量大、入住率达到70%以上的成熟小区，小区应以居民自住为主。

2. 布点位置。位于小区主要出入口附近或小区内重要活动场所附近，兼顾小区内外服务。商铺内部结构合理，不宜太深太窄，门面应至少有两个开间且宽度不低于10米。

3. 同业竞争。与同业银行网点相比，目标物业应更贴近小区居民，综合考虑同业竞争，优先选择大型银行网点集中但同类股份制银行相对较少的区域。

4. 本行网点布局。选点应考虑本行传统网点服务空白点区域，坚持错位经营原则。

5. 安全因素。周边小区物业管理比较规范，安防设施等配置齐全。优选靠近公安机关或其执勤点的物业。

（二）专业市场选址标准

1. 市场选择。根据区域经济特点、主要商圈分布、业务合作基础等实际，选择在当地运营规范、客户规模较大、市场人气较高、单笔交易金额较大和知名度较高的专业市场。

2. 布点位置。商业铺面应面向街道，方便客户识别。优先选择距离专业市场主要出入口等客户流量较大的区域较近的物业。

第十四条 社区支行的面积标准

为有效控制成本，并兼顾客户体验，社区支行的建筑面积应遵照以下要求：

（一）简便型社区支行面积以 100～150 平方米为宜，原则上控制在 150 平方米以内。

（二）全能型社区支行面积以 150～200 平方米为宜，原则上控制在 200 平方米以内。

（三）原则上每家分行超过网点面积上限的社区支行数量不得超过总数的 10%，网点面积最高不得超过上限的 30%。

超过上述规定面积上限标准的社区支行，报总行按事权划分相关规定进行审批。

第十五条 选址产权要求

（一）在社区支行选址过程中应确认房屋产权关系清晰，具有《房屋产权证》《国有土地使用证》，禁止租赁临时建筑、房产土地性质为农民宅基地、其他国家禁止出租或用作营业用房的房产。

（二）如未取得《房屋产权证》和《国有土地使用证》，主要有两种情况：一是《房屋产权证》正在办理中的正规商品房，需要提供《房屋买卖合同》，如未取得《房屋买卖合同》，则需要取得《建设工程规划许可证》《建设工程用地许可证》和《销售许可证》；如《国有土地使用证》正在办理中，则需要取得《土地出让合同》，并在租赁合同中增加保护性条款，要求产权方须在规定时限内取得《房屋产权证》和《国有土地使用证》，如因未及时取得上述材料出现问题导致合同提前终止，须由产权方赔偿本行全部损失。二是无《房屋产权证》的小产权房、集体产权房，需要提供名义产权所有者

(如当地乡镇政府、村委会等机构）出具的房屋产权证明文件，并在租赁合同中增加保护性条款，如因产权出现问题导致合同提前终止，须由名义产权所有者赔偿本行全部损失。

上述材料都需要提前与当地工商部门进行沟通，在上述材料不全的情况下，会否影响支行办理工商营业执照，如不影响则可以签署租赁合同，如当地工商部门表示材料不全不予办理营业执照，则不可签署租赁合同。

（三）取得《房屋产权证》的项目应保证房屋处于无抵押状态，如已抵押则需要在租赁合同中增加保护性条款，增加本行优先处置房产的权利。

（四）若拟租赁房屋的出租人并非房屋的产权人，要确保出租人已取得产权人的有效书面授权，且授权期限覆盖本行的拟租赁期限。

（五）若产权人或合法出租人为个人，在租赁谈判过程中要注意明确租赁区域、面积、租金水平及物业、取暖、停车等其他费用承担方，并及时跟进租赁进展，防范因个人原因产生的变动风险。

第十六条 选址安全与消防要求

（一）社区支行选址过程中要确定房屋整体完成公安、消防部门认可的安全、消防验收并提供相关证明和工程竣工验收记录。

（二）如未取得《消防验收合格证》和工程竣工验收记录，应提前向所在地消防部门咨询，会否影响支行的消防验收。如不影响则可签署租赁合同；如有影响则需与消防部门进行深入沟通运作，提前做好准备。

（三）选址其他基本要求。

1. 社区支行拟选房屋应确保能够提供开展支行业务经营活动所需要的通讯资源；提供的用电负荷应满足社区支行及小微支行营业需要，并预留一定的供电量以满足业务发展需求；可在门楣及顶部安装标识；方便客户识别；相邻、楼上楼下非餐饮、网吧、歌舞厅、洗浴中心等存在较大安全隐患的商户类型。

2. 社区支行拟选房屋筛选过程中，需由本行专业人员或聘请专业公司对拟选房屋进行实地调查、分析，综合评价房产的结构、土建、预计使用效果等，确保房屋各方面没有瑕疵，保障本行权益不受损失。

第五章　社区支行的规划及审批

第十七条　总行于每年年末前提出下一年全行社区支行及小微支行发展指导意见，各分行依据指导意见，认真调研所在地的经济发展及金融供给情况，根据拟设地的社区和商圈的规模、有效客户数量、客户的消费能力和理财习惯等，结合监管政策导向，因地制宜制定下一年的社区支行（包含全能型社区支行）及小微支行发展规划，于每年 11 月底前将发展规划报送总行零售银行——总行社区银行建设办公室（以下简称社区办）。

社区办在统筹考虑区域布局、管理能力、人力储备、经营成本等因素的基础上制定全行社区支行发展规划，经审议后报总行研究规划部与传统机构建设规划合并上报董事会批准。审议通过后由研究规划部通知各分行执行。

第十八条　社区支行报批及报备

（一）全能型社区支行按传统支行要求报总行同意审批。

（二）简便型社区支行原则上采用事前报备制，但对于当地银监局要求总行进行审批，或不在年度发展规划内，以及选址面积超过规定上限的社区支行，应在签署支行房屋租赁合同前向总行提交设立申请（包括面积、地址、周边环境介绍、可行性分析及财务预测等），由总行单独或批量审批。

（三）可一次向拟设地银监局以及总行提交多家社区支行的设立申请。

第十九条 简便型社区支行的报批材料应包括以下内容：

（一）社区支行银行基本信息。包括：社区网点名称、类型、面积、地址、受理业务、拟设岗位、所属支行与管辖支行的距离等。

（二）网点的储源调查报告、业务可行性及投入产出分析。包括：社区支行所属社区或商圈情况、周围客户行为分析、同业竞争情况、业务发展预测、网点的平面布局等。

第二十条 社区支行审批流程

（一）分行社区支行网点的报批报备均应在筹备阶段以行发文形式报送总行，主送总行，抄送总行研究规划部、人力资源部、零售银行总部、行政后勤部。

（二）零售银行总部在接到分行报批材料后 5 个工作日内出具审批意见；对报备的社区银行网点，不单独下发审核意见。如零售银行总部认为不适合筹建的，也将在 5 个工作日内通知分行另行选址。

第二十一条 各分行应严肃认真地履行相关报批手续，对于未按要求履行相关手续或报批过程中弄虚作假的分行，总行将追究相关人员责任。

第六章 社区支行的功能分区及服务设施建设

第二十二条 社区支行功能分区

（一）全能型社区支行网点设置现金交易区、非现金交易区、贵宾理财区、客户休息区、自助服务区（包括自助银行区和电子银行体验区）五个功能区域。

（二）简便型社区支行设置非现金交易区、客户休息区、理财咨询室、自助服务区（包括自助银行区和电子银行体验区）四个功能区域。

（三）自助银行区与其他服务区应做隔断处理，确保夜间无人值守时，社区支行服务设施、重要物品的安全。

第二十三条 社区支行功能分区、平面布局、装修等参照《兴业银行社区银行网点装修标准手册》（兴银补规〔2014〕13号）相关要求执行。

第二十四条 社区支行应设置以下服务设施：

（一）社区支行网点招牌，营业时间公告牌。

（二）至少配备自助机具两台；直拨“95561”电话一台、网上银行服务终端或体验机一台；提供免费无线网络（WiFi），另外分行可根据需要配置自助查询终端。

（三）根据实际需要配备计算机终端、打印机、保险柜、监控设备等设施，同时配备其他相应的机具设备，以及为客户提供产品营销推介、投资理财建议的相关系统等。

（四）摆放宣传架、资料架或信息发布电子媒介。

（五）设置橱窗广告灯箱，宣传本行重要业务品牌和产品。

（六）有条件的社区支行应配备电视机、沙发（座椅）、饮水机等基本服务设施，并放置礼品柜、宣传架、资料架、报架，摆放本行各种赠送礼品、宣传资料及各种理财杂志、休闲刊物、报纸等，供客户查询、交流。

第二十五条 社区支行硬件建设应符合公安机关以及中国人民银行、中国银行业监督管理委员会的网点安全管理制度，以及《兴业银行营业办公类用房配置标准规范》（兴银规〔2013〕21号）、《兴业银行社区银行网点装修标准手册》的相关业务规定。

第七章 社区支行运营管理

第二十六条 社区支行营业时间

（一）社区支行及小微支行服务应遵循人性化、差异化、市场化原则，贯彻“客户休息我工作”的理念，根据小区居民的生活习惯及夏、冬两季作息时间的差异采取错时、延时服务，灵活安排营业时间，充分利用好网点资源，但停止营业时间不得晚于21:00。为了不影响核心系统的批处理工作，柜员及机构日结时间不得晚于22:00。

商圈、集贸市场周边的社区支行营业时间根据商圈、集贸市场的经营时间而定。

（二）各社区支行对外营业时间不要求统一在一个时间段内，各分行可根据当地实际适当安排。各分行制定的营业时间（包括法定节假日营业时间）应在本行网站上对外公告，同时报备总行客户服务中心。

（三）全能型社区支行网点营业时间可参照分行普通支行网点，有条件的可错时、延时营业。

第二十七条 社区支行人员管理

（一）社区支行人员岗位设置

1. 全能型社区银行设置支行行长、理财柜员、客户经理、安全保卫等岗位。

2. 简便型社区银行设置支行行长、理财柜员、客户经理等岗位。

3. 社区支行人员原则上均应为正式人员，各分行可根据业务发展情况及社区支行等级评定结果，在总编制内动态进行人员配置的调整，逐步加大人员配备。原则上三级社区支行可配备3~4人，二级社区支行可配备4~5人，一级社区支行可配备5~6人，高级社区支行可配备6~8人。

（二）各岗位职责

1. 社区支行行长岗位职责。

（1）负责贯彻落实总分行有关社区支行建设和发展计划；

（2）根据各项业务的特点以及目标客户特征，制定营销计划和方案并组织落实，积极拓展客户，扩大收入来源，提升社区支行产能和盈利能力；

(3) 负责社区支行日常运营管理，并对所属的社区支行员工进行业绩督导、技能提升、营销过程管理；

(4) 妥善处理客户投诉及其他突发性事件，确保社区支行的正常运转。

2. 营销类岗位人员岗位要求及工作职责。

社区支行以营销类岗位人员为主。但现阶段，在相关业务操作权限未放开的情况下，可适当配置柜员来满足客户业务办理需要，同时把控社区支行业务操作风险。鼓励社区营销类岗位人员通过分行组织的社区银行交易部门组（60 部门组）上岗考试，满足社区银行业务发展的需要。

社区支行理财柜员和营销人员负责营销拓展、厅堂服务、客户维护、业务办理以及营销活动组织落实，根据社区支行实际工作需要可互相兼岗，互为 AB 角，其主要职责包括：

(1) 负责社区支行指定范围内的、规定权限下的柜面业务操作，重要物品、凭证现金、账簿表使用和保管，反洗钱等；

(2) 负责社区支行客户迎送、引导分流、业务指导、环境维护、咨询投诉等大堂服务工作；

(3) 负责社区支行客户发掘、产品宣传、营销推荐、贵宾理财客户服务、客户信息收集和关系维护等工作；

(4) 负责社区支行周边社区、商务写字楼、商圈市场等零售客户营销、产品宣传、活动组织等工作；

(5) 负责每日碰库和日结处理，记录每日工作日志、相关数据统计、报告等。

第二十八条 社区支行考核及岗位定级

(一) 考核原则。社区支行考核遵循“公平”“公正”“科学”的原则，以社区支行业务规模、客户数、效益指标作为社区支行的考核依据，并结合网点建设、业务规模、客户以及内部控制等多维度进行综合考评。

（二）对社区支行负责人的考核。社区支行负责人原则上给予一年的过渡保护期，对应职等区间为5～9职等。过渡保护期满后，社区支行行长定级考核根据社区支行等级管理办法进行核定，纳入营销序列管理。

（三）对社区支行理财柜员和零售客户经理考核。

1. 分行辖内人员调动到社区支行理财柜员和零售客户经理岗位的，结合其调动前行员职等，原则上采用就高原则确定行员职等；新招聘的社区支行理财柜员和零售客户经理人员定级最低从1职等起，按照相关岗位专业职务序列定级标准高于1职等的采用就高原则确定行员职等。

2. 对于新到岗的理财柜员和零售客户经理，给予一年的过渡保护期。过渡保护期满后，人员定级考核参照理财柜员和零售客户经理管理办法定级标准执行，同时社区支行整体业绩可按一定比例折算计入其个人业绩（占个人业绩比重原则上不低于30%，不高于50%），具体定级考核业绩标准由分行根据实际情况自行制定。

3. 原则上调动到社区支行的人员原业绩不得带到社区支行，不得作为社区支行等级评定的业绩来源，但相关业绩可作为社区支行人员绩效考核的考核依据。

社区支行人员职业规划、等级评定、薪酬待遇等详见《兴业银行社区支行人力资源管理实施细则》（2015年4月修订）。

第二十九条 社区支行等级管理

（一）社区支行等级评定遵循“标准统一、区别管理、动态调整”的基本原则。开业时间满一年（含）以上的社区支行纳入等级支行考评范围。

（二）社区支行划分为5个级别，由高到低依次为高级、一级、二级、三级以及未定级社区支行。原则上，一级社区支行占比不得高于20%，二级社区支行占比30%左右，三级社区支行占比不得低于50%。未达考核标准的社区支行为未定级支行。社区支行等级状况与结构是衡量、评价管辖分行的社区支行建设与管理水平的重要依据。

（三）社区支行等级评定标准以网点考评综合金融资产、考评核心客户数、成本收入比为主要评定依据，并结合代扣代缴、网点建设、资产质量、内部控制等情况考核综合评定。

（四）社区支行等级评定每年组织一次，高级社区支行的评级核定将在分行自评申报的基础上由总行进行评定，一级社区支行（含）以下的等级支行评定由分行组织考评。

（五）社区支行等级评定结果作为对社区支行经营情况的评价，适用于对社区支行干部配备、行员职等定级、薪酬待遇及职务晋升等方面的考核评价依据，具体可参见《兴业银行社区支行人力资源管理实施细则》。

社区支行等级评定具体参见《兴业银行社区支行等级评定管理办法》。

第三十条 社区支行会计内控管理

（一）简便型社区银行不单独设立机构行号和支付系统行号，统一使用管辖支行机构号和支付系统行号处理各项会计结算事务；简便型社区银行内部账由管辖支行统一管理，不得开立、注销、修改内部账户。全能型社区银行可独立运营，也可隶属管辖支行管理。

（二）社区银行的现场管理、重要空白凭证管理、安全保卫、生产系统接入等方面参照目前支行网点的相关规定执行，分行应结合实际制定相应的实施细则。简便型社区银行柜员只配置业务核算章、受理凭证专用章、个人名章；会计印章上机构名称应与《金融机构营业许可证》上名称一致，无《金融机构营业许可证》的社区银行印章上机构名称以隶属管辖支行机构名称刻制；简便型社区银行限于领用可开办业务品种必需的重要空白凭证，柜员领用、上缴重要空白凭证等日常管理应按照《兴业银行有价单证及空白账证表簿管理办法（2011 年 9 月修订）》（兴银〔2011〕597 号）执行；简便型社区银行不设机构凭证库房；经办柜员配置 1 个柜员尾箱存放重要空白凭证；会计印章须单独存放于带锁具的印章盒，日终柜员凭证尾箱、印章盒分别入保险柜存放。柜员凭证尾箱、印章盒不得存放于同一保险柜；简便型社区银行重要空白凭证、会计印章保险柜日终可置于自助设备加钞间存放。

（三）分行会计结算部门应加强社区银行尤其是简便型社区银行的授权管理和日常会计核算管理、业务操作风险检查等，尤其须重点检查监督产品销售与提供理财规划服务的合规性，严格控制风险。同时，指定管辖支行的会计暨合规主管定期履行现场监督和检查辅导职能，确保业务处理合规。

（四）简便型社区银行及管辖支行均需进行机构日结预检查，对预检查提示的问题，按业务和柜员归属进行处理。

（五）简便型社区银行应指定专人保管会计档案，日终入库柜保管，每周至少一次移交给隶属管辖支行。

具体参照《兴业银行关于社区支行会计内控的通知》。

第三十一条 社区支行安全管理

（一）总行保卫部制定社区支行安全保卫制度及处置突发事件（重点为防抢劫）的预案。各分行可制定安全保卫制度细则，探索与社区、物业管理委员会、市场管理委员会等公安派驻点（岗）建立安全保卫联防机制。

（二）社区银行应根据当地监管部门的要求，在社区银行及本行网站上对外公告服务网点地址、电话和业务范围等，驻点人员信息应上墙公告，防止不法分子假冒本行社区银行从事非法经营活动。

（三）分行监控中心应实现对社区银行的远程实时监控，并制定处置突发事件（重点为防抢劫）的预案。有条件的可与社区、物业管理委员会、市场管理委员会等公安派驻点（岗）建立安全保卫联防机制。

（四）分行及管辖支行应加强社区支行现场的安保管理，不得将职责层层分解到社区支行，使社区支行的安保制度形同虚设。社区支行的安全保卫具体按照《兴业银行社区支行安全保卫管理办法》（兴银规〔2014〕54号）执行。

（五）保安配置按照当地公安部门要求办理。

第三十二条 社区支行团队管理

（一）各社区支行应建立班组例会制度，每周至少召开例会一次。例会开始时间可以是网点开门前30分钟，也可以班后开展，例会时间一般控制在20分钟以内。

（二）例会主要内容是总结上周的业务开展情况，明确本周工作重点和工作目标，学习最新发布的制度、产品说明等，通报上周销售业绩、当月业务指标完成情况，总结工作经验及教训，分析班组成员的工作得失，提出改进目标和具体措施，表扬近期表现优秀的员工，简单专项培训等。

（三）参加人员为全体社区支行人员，管辖支行分管零售业务的负责人以及分行社区支行运营管理中心的人员可不定期参加。

（四）落实《兴业银行支行岗位标准化工作手册》，强化社区支行标准化和精细化管理。各岗位工作日志记录应及时、准确、完整并与总分行考核挂钩。

第三十三条 社区支行服务要求

（一）切实推进分行服务标准体系建设。社区支行服务标准和服务规范依据《兴业银行零售业务服务标准化体系手册》（兴银零售总部规〔2014〕1号）中有关社区支行的规定等执行，网点和人员服务考评依据《零售业务服务标准化体系检查验收评分表（试行）》

（兴银零售总部〔2014〕11 号）进行检查验收。

（二）社区支行应树立贴近社区、方便居民、主动服务的经营理念，主动听取社区组织、企业、居民、农户的意见，加强产品创新，改进服务流程，提高服务效率，充分满足所在社区的金融服务需求，提升社区金融服务满意度。

（三）社区支行应支持所在社区经济发展，为社区提供金融服务便利，积极开展金融教育宣传、扶贫帮困等内容丰富、形式多样的社区服务活动，投身社会公益活动，努力为社区建设贡献力量。

（四）社区支行网点应根据自身特性，为本社区居民提供符合本社区特点的良好的金融服务与产品，在办理业务和销售产品过程中要遵守公平、公正、透明、诚实守信的原则，依法合规销售，并快捷、规范、透明地处理消费者投诉，在开展业务过程中维护本行社会声誉和形象。

（五）社区支行应积极为所在社区的小微企业、个体工商户、老年人、低收入人士、残障人士等群体提供基础金融服务，并针对老年客户群体制定相应的便捷服务、安全服务、增值服务和延伸服务方案。

（六）关爱老人，为老年人、残障人士提供优先服务，并确保相应的服务设施配置到位。积极参与社区尊老敬老活动，策划适合老年客户的专属产品和服务，提升老年客户对社区支行的认同感。

（七）社区支行应规范经营，严禁在对社区的信贷业务中附加不合理的贷款条件，按“质价相符”原则在社区金融服务中合理收费。对特定对象实行服务优惠和减费让利，公布优惠政策、优惠方式和具体优惠额度，切实体现扶小助弱的社会责任。

第八章　附　则

第三十四条　各分行应根据实际情况制定辖内社区支行管理实施细则，并向总行报备。

第三十五条　本办法由总行制定，由总行零售银行总部负责解释和维护管理。

第三十六条　本办法自发布之日起生效，原《兴业银行社区银行管理指引（2013 年 8 月修订）》（兴银〔2013〕114 号）同时废止。

兴业银行社区支行人力资源管理实施细则

（2015 年 4 月修订）

第一章 总 则

第一条 为提升本行社区支行综合营销服务能力，构建能上能下、能高能低、能进能出的社区支行人力资源管理平台，根据《兴业银行零售业务体系人力资源管理办法》（兴银〔2014〕113 号）和相关制度规定，特制定本细则。

第二条 本细则属于“操作规程”，适用于本行社区支行人力资源管理。

第三条 社区支行人力资源管理体系，主要包括以下内容：

（一）岗位设置和职责；

（二）招聘和能力素质要求；

（三）编制和人员配备管理；

（四）定级考核和薪酬管理；

（五）员工职业规划；

（六）培训管理。

第二章 岗位设置和职责

第四条 岗位设置

社区支行设置社区支行行长、理财柜员和零售客户经理等岗位。

从长远来看，社区支行从业人员配备应以营销人员为主，通过在社区支行设置自助发卡机、VTM 等，满足客户开卡、转账等业务需要，实现柜面业务的电子化操作。现阶段，在相关科技设备未到位的情况下，为满足客户业务办理需要，可配置理财柜员，但应通过建立远程授权系统等，利用科技手段解决柜面业务授权需要，确保人员精简和高效；同时，社区支行非理财柜员岗位人员均应通过分行组织的柜员上岗考试，取得临柜操作资格，具备承担社区支行日常相关柜面业务工作的能力，解决柜面人员调休等需要。

社区支行保卫人员等按照本行相关管理规定执行。

第五条 岗位职责

（一）社区支行行长是社区支行直接负责人和管理者，全面负责社区支行零售业务整体经营和发展，同时对社区支行日常运营、团队管理、业绩考核、财务资源使用、分配与管理以及风险控制等内容进行管理，其主要职责包括：

1. 组织落实社区支行综合经营计划，并根据总分行社区支行业务发展战略要求，结合社区支行特点和业务情况，确定零售业务经营发展方向，制定业务拓展和客户营销策略、针对性的市场宣传和营销方案并组织实施。

2. 负责对社区支行日常现场管理，组织每周周例会；妥善处理客户投诉及其他突发性事件，及时向管辖行零售负责人和分行相关管理部门汇报，确保风险有效防控与控制。

3. 负责对社区支行员工队伍进行管理，包括人员日常考勤、劳动纪律督导、业绩考核、日常工作表现考评等工作；负责组织社区支行人员培训工作，包括业务培训、技能培训、服务培训及营销技巧培训等。

（二）理财柜员主要负责社区支行上门客户营销服务、财富类产品销售和业务办理、交叉销售和客户提升等，其主要岗位职责如下：

1. 负责办理柜面业务，包括但不限于理财产品购买、借记卡业务、信用卡业务、电子银行业务等。

2. 开展阵地式宣传营销，为客户提供业务咨询、指引、金融产品演示推介等服务，维持营业厅堂工作环境和营业秩序正常。

3. 负责财富类产品销售，包括受理客户理财咨询、推介本行发行或代理的财富类产品。

4. 负责解答客户常见问题，提供咨询查询服务，收集客户意见、建议和有价值的客户信息。

5. 负责在产品销售与提供理财规划服务时遵守相关监管法律法规，控制风险，确保销售环节与业务发展的合规性。

6. 负责妥善记录、处理客户投诉和抱怨，协调营业厅客户矛盾和突发性事件，及时通知相关人员并协助解决。

7. 负责参与支行营业厅阵地日常营销服务工作，参与支行阵地营销策划方案组织落实工作。

8. 负责维护营业厅服务环境和营业秩序，保证机具设备、服务设施的正常运行，及时整理、更新宣传资料，确保本行信息资讯的时效性、准确性。

（三）零售客户经理指专业从事零售业务拓展与产品营销，为零售客户提供专业金融服务，实现业务规模、客户数量与盈利水平持续增长的专职营销人员。

主要岗位职责：

1. 负责根据分支行要求按质按量完成各类零售业务与产品的营销任务与业务目标，不断提升业绩水平；

2. 负责零售客户的拓展与维护，包括新客户的营销拓展、存量客户的服务维护与业务提升；

3. 负责零售客户贷款业务的申请、资料收集与上报，并做好对贷款客户的后续服务与维护，保证资产质量；

4. 负责搜集零售客户信息，登记保管客户资料，通过 CRM 系统完善客户信息档案，做好客户管理与营销信息收集、分析与反馈；

5. 负责参与支行开展的各种形式的营销活动与宣传活动，根据分支行零售业务营销宣传活动方案适时开展相关业务与产品的营销推介。

第三章　招聘和能力素质要求

第六条　社区支行行长招聘条件

（一）40 周岁以下，全日制大学本科及以上学历，综合素质特别突出、业务能力特别强的人员，学历可放宽至在职本科。

（二）全日制本科及以上学历应具有三年以上相关岗位工作经历，综合素质特别突出、业务能力特别强的人员可放宽至两年（聘任为社区支行负责人进行过渡考核）；在职本科学历的应具有五年以上相关岗位工作经历。

（三）具备理财专业资格证书者优先考虑。

（四）综合素质强、业务知识全面，具备良好的团队领导力、沟通协调能力和服务营销技巧，具有独立处理和解决问题的能力。

第七条　社区支行从业人员综合化能力素质要求

根据社区支行业务发展模式和“一岗多能”管理要求，社区支行从业人员应具备综合化零售产品营销和客户服务能力，在实际工作中具备处理多种业务的专业能力。社区支行从业人员应具备或通过参加总分行各级机构组织的培训和资格认证考试，逐步取得相应业务资质，提升业务综合化处理能力，包括但不限于以下几项：

（一）通过总行组织的零售条线相关岗位上岗资格考试，包括零售业务岗位资格考试、零售柜员岗位资格考试、大堂经理岗位资格考试等。

（二）通过分行组织的柜员上岗考试，取得临柜操作资格。

（三）通过分行组织的个人理财业务人员资格考试，取得个人理财业务资格。

（四）通过总行组织的零售信贷主办客户经理培训考核，取得主办客户经理资格（根据社区支行零贷业务拓展需要，社区支行不具备零售信贷主办客户经理资质的，相关业务可由上级管辖支行处理）。

对于取得相应岗位资质的社区支行从业人员，分行应根据相关业务规定，分配相应业务权限，确保社区支行从业人员以客户为中心进行业务办理和零售产品营销。

第八条 劳动合同

社区支行从业人员劳动合同签订按照本行劳动合同管理制度有关规定执行。

第四章 编制和人员配备管理

第九条 编制和人员配备

社区支行人员基本编制由总行定期根据全行社区支行专项编制总量和社区支行建设情况核定下达，每家新建简便型社区支行基本编制 3 名，全能型社区支行基本编制 5 名。分行可根据社区支行业务规模和业务指标差异情况，统筹调配辖内社区支行编制资源，其中社区支行理财柜员由管辖支行根据调休等实际需要，与管辖支行相关岗位人员之间进行统一调配。

原则上社区支行人员均应为正式人员，各分行可根据社区支行业务发展情况，在总编制内动态进行人员配置的调整，逐步加大人员配备。其中，根据社区支行等级评定情况，未定级、三级、二级、一级和高级社区支行的人员配备依次可为 3~4 名、4~5 名、5~6 名、6~7 名和 6~8 名，由分行在总编制内进行统筹调配。

第十条 人员来源

考虑到对社区支行从业人员的综合素质、业务技能、综合化营销服务能力要求较高，各分行应以社区支行建设为契机，优化现有零售队伍结构，优先从本行现有零售队伍和柜员序列中选拔综合素质较高、业务能力较强的人员充实到社区支行。同时，考虑到社区支行业务发展模式特点及社区支行低成本扩张的战略要求，将社区支行队伍建设和编外用工转正、转岗相结合，鼓励优秀的编外员工借助社区支行平台提升营销业绩，以加强人才储备和培养。

社区支行从业人员来源主要包括以下三类：

（一）本行现有营业厅主任、理财经理、零售客户经理、大堂经理和柜员等人员。

（二）本行现有编外人员中部分综合素质较高、业务拓展能力较强的人员。

（三）各分行可根据实际需要，在合法合规的前提下，聘请具有较丰富零售业务从业经验的同业退休退养人员担任社区支行顾问，协助社区支行行长开展队伍建设、营销组织等工作。

（四）各分行可根据年度校招计划和安排，在保障社区支行基础编制人员稳定的情况下，鼓励实习生进入社区支行进行实习锻炼，协助社区支行开展客户服务和营销组织等工作。

第五章　定级考核和薪酬管理

第十一条　考核管理

分行零售事业部和管辖中心支行共同负责社区支行从业人员的定级考核组织工作，可采取季度、半年度、年度等多种业绩考核频率和方式。

为动员和鼓励零售条线优秀人才加入社区支行队伍，形成社区支行良好的业务发展平台和个人成长空间，分行在社区支行人员定级、考核和薪酬设计上应给予一定的倾斜和保护。

第十二条　社区支行行长定级考核

（一）社区支行行长定级原则上从5职等起，最高不超过9职等（高于5职等定级的应明确业绩考核标准）；其他岗位调动到社区支行行长岗位的，结合其调动前行员职等，原则上采用就高原则确定行员职等。

（二）对于新聘任的社区支行行长，给予一年的过渡保护期，过渡期内按照以上（一）规定执行；过渡期满后，社区支行行长定级考核应根据社区支行等级管理办法评定结果核定社区支行行长行员职等，纳入营销序列管理，各级别社区支行①对应社区支行行长行员职等标准如下：

社区支行等级	社区支行行长行员职等
高级社区支行	9
一级社区支行	8
二级社区支行	7
三级社区支行	6
未定级社区支行	5

第十三条 理财柜员和零售客户经理定级考核

（一）分行辖内人员调动到社区支行理财柜员和零售客户经理岗位的，结合其调动前行员职等，原则上采用就高原则确定行员职等；新招聘的社区支行理财柜员和零售客户经理人员定级最低从1职等起，按照相关岗位专业职务序列定级标准高于1职等的采用就高原则确定行员职等。

（二）对于新到岗的理财柜员和零售客户经理，给予一年的过渡保护期。过渡保护期满后，人员定级考核参照理财柜员和零售客户经理管理办法定级标准执行，同时社区支行整体业绩可按一定比例折算计入其个人业绩（占个人业绩比重原则上不低于30%，不高于50%），具体定级考核业绩标准由分行根据实际情况自行制定。

（三）原则上调动到社区支行的人员原业绩不得带到社区支行，

① 社区支行等级评定按照《兴业银行社区支行等级评定管理办法》执行。

不得作为社区支行等级评定的业绩来源，但相关业绩可作为社区支行人员绩效考核的考核依据。

第十四条 薪酬管理

（一）社区支行从业人员基础薪酬按照《兴业银行薪酬管理制度》及《兴业银行薪酬制度实施细则》执行；绩效奖金可根据分行绩效工资分配政策，考虑社区支行发展周期，逐步按照模拟利润情况核定执行。

（二）福利管理按照《兴业银行薪酬管理制度》及相关制度执行，同时考虑到社区支行营业时间和工作压力较大，对于社区支行各岗位人员应给予一定专项补助津贴，包括加班费、误餐费等，具体由分行进行细化制定，报备总行。

第十五条 分行应结合当地实际，制定具体的人员管理办法和考核实施细则。

第六章 员工职业规划

社区支行应建设成为零售条线人才成长基地，明晰社区支行人员的职业规划，打通社区支行人员的晋升通道。

第十六条 社区支行行长

（一）对于在社区支行任职满两年且社区支行等级评定均能达到一级社区支行及以上的社区支行行长，享受传统支行三级C类零售支行行长待遇（行员职等9－1）。

（二）鼓励有条件的分行，对于连续3年评定为高级社区支行的社区支行行长，综合考虑支行现有的规模和效益情况，给予不低于传统支行二级C类零售支行行长待遇（行员职等10－1）。

（三）传统支行零售支行行长原则上从定级达到一级及以上的社区支行行长中产生。

（四）管辖零售支行行长任现职满两年，且支行最近两年零售业务综合考评在辖内支行零售业务排名后10%且低于平均分60%，而其管辖社区支行等级评定为一级及以上的，应考虑管辖零售支行行长与社区支行行长对调职务。

第十七条 社区支行理财柜员和零售客户经理

（一）柜员可根据其本人意愿和业务发展需要，转岗至社区支行理财柜员或零售客户经理序列，通过业绩提升，逐步晋升职或转至其他岗位，对于新调入社区支行的柜员上调一个职等并给予一年过渡保护期。

社区支行营销人员按照相应岗位专业职务序列定级标准，通过业绩提升，逐步晋升职或转至其他岗位。

（二）岗位晋升路径和条件

1. 在零售客户经理岗位工作满三年，取得本科学历，考核均良好及以上，达到中级零售客户经理或近两年在零售客户经理序列业绩考核排名前20%的，可申请成立零售业务拓展部。

2. 在社区支行理财柜员岗位工作满三年，取得本科学历，考核均良好及以上，取得CFP等资格证书，近两年在理财柜员序列业绩考核排名前20%的，可转为贵宾理财经理。

第十八条 编外人员转正

总行鼓励编外人员借助社区支行的业务平台和展业空间，锻炼能力，提升产能，对于在社区支行工作满一年、取得本科学历、业绩标准符合本行零售编外客户经理转正要求的，应给予转正。

第十九条 激励政策

（一）分行零售条线干部提拔将优先从社区支行从业人员中选拔。

提拔为基层管理干部或职级晋升的，必须在社区支行工作满一年。提拔为中层管理干部的，必须在社区支行行长岗位工作满两年。

（二）社区支行从业的编外人员在同等条件下优先转正。

第二十条 退出机制

分行应完善社区支行人员能上能下、能高能低、能进能出的用人管理和考核机制，社区支行行长连续两个年度社区支行考核未达标的应降级、降薪、调整岗位直至退出；社区支行理财柜员和零售客户经理考核业绩达不到最低业绩标准的应降级、降薪直至退出。

第七章 培训管理

第二十一条 本行各级机构应建立社区支行从业人员长期培训机制。社区支行从业人员具体培训方案应按照《兴业银行社区支行从业人员强化培训方案》（兴银〔2014〕23号）执行。

第二十二条 社区支行从业人员培训考核结果可与个人绩效考核、层级评定、评优选先等挂钩。

第八章 附 则

第二十三条 本细则由总行制定，由总行零售银行总部负责解释和维护管理。

第二十四条 本细则自发布之日起执行。

兴业银行社区支行等级评定管理办法

（2015 年 4 月修订）

第一章 总 则

第一条 为进一步完善本行社区支行的经营管理机制，建立科学、规范、标准化的社区支行等级评定标准和管理体系，充分调动社区支行经营积极性，激励社区支行加快业务发展，有效提升社区支行网点产能，特制定本办法。

第二条 社区支行等级评定及岗位定级遵循“标准统一、区别管理、动态调整”的基本原则。

第三条 本办法是社区支行管理的基础性制度，适用于本行开业时间满一年（含）以上的社区支行。

第二章 评级规则

第四条 社区支行的等级管理与传统支行等级管理的基本原则一致，即按照“分行为主分类分级管理原则、全面客观原则、导向明确原则、动态管理原则和奖优罚劣原则”执行。

第五条 社区支行划分为 5 个级别，由高到低依次为高级、一级、二级、三级以及未定级社区支行。

第六条 社区支行等级评定标准与社区支行考核评价标准挂钩，以网点考评综合金融资产、考评核心客户数、成本收入比为主要评定依据，并结合代扣代缴、网点建设、资产质量、内部控制等情况考核评定。

第七条 在社区支行考评中达到考核合格标准的社区支行参与社区支行等级评定，未达到考核合格标准的社区支行为未定级支行

（考核合格标准请参照《兴业银行社区支行考核试行管理办法》）。对于开业满两年仍为未定级社区支行的，分行应根据每家社区支行的经营现状及存在的问题制定相应业绩提升计划和具体改进措施并跟进执行。

第三章　评级组织

第八条　社区支行评级组织管理实行“统一领导、分级负责”的管理模式，由总分行分层定期组织等级评定。

第九条　分行主要负责辖内社区支行等级评定工作的日常组织管理以及高级以下（包括一级、二级和三级）支行的评级工作。各分行应按照分类分级管理原则要求，制定辖内社区支行等级管理实施细则并报备总行。分行根据实施细则对辖内所有达到考核合格标准的社区支行进行评级，为保证全行等级支行管理的相对公平与统一，各分行评级结果比例需符合以下要求：

社区支行等级（分行自评）	各等级支行数占分行达到考核合格标准的社区支行数的比例
一级社区支行	占比不得高于20%
二级社区支行	占比30%左右
三级社区支行	占比不得低于50%

第十条　总行主要负责社区支行等级评定工作的指导、监督以及高级社区支行的评级核定。高级社区支行的评级核定将在分行自评申报的基础上由总行进行评定。在分行自评中排名前10%且被分行评为一级社区支行的可入围总行高级社区支行的评选，入围支行材料需由分行申报，总行在入围支行中根据考评综合金融资产、考评核心客户数、成本收入比等指标同时结合支行类别、所属类区行情况、业务结构等多方面因素综合评选出高级社区支行并将结果进

行全行通报，未被总行评选为高级社区支行的直接保留分行的评级结果。

第十一条 总行成立社区支行考核评定小组，每年组织一次对全行社区支行的等级评定工作，评定结果由总行统一向全行公布。

第四章 配套制度

第十二条 经总行评定的年度高级社区支行，在全行范围内进行通报表彰并统一授牌，作为供全行学习的标杆社区支行网点。

第十三条 社区支行等级评定结果作为对社区支行经营情况的评价，适用于对社区支行干部配备、行员职等定级、薪酬待遇及职务晋升等方面的考核评价依据，具体可参见《兴业银行社区支行人力资源管理实施细则》。

第十四条 开业满三年仍为未定级的社区支行网点，管辖分行应采取加强业务辅导、资源调配、干部调整及网点搬迁等相关措施，尽快提高社区支行产能，并将有关整改情况报备总行。

第十五条 社区支行等级结构与管理状况是衡量、评价管辖分行的社区支行建设与管理水平的重要依据。总行根据管辖分行辖内社区支行的等级管理情况，综合考虑管辖分行所处区域经济金融总量、成立年限、业务规模等因素，定期评价管辖分行社区支行建设与管理水平，并作为对管辖分行年度综合考评、社区支行准入的重要依据之一。

第五章 附 则

第十六条 本办法由兴业银行总行制定，由总行零售银行总部负责解释和维护管理。

第十七条 本办法自下发之日起实施。

兴业银行社区支行考核试行管理办法

（2015 年 4 月修订）

第一条 为评价分行社区支行建设的投入产出情况，提升社区支行对零售业务发展的推动作用，提高财务资源配置效率，对分行社区支行前期选点、储源调查、业绩发展规划应建立相应的引导约束机制，根据《社区银行财务资源配置方案》特制定本办法。

第二条 社区支行考核主要遵循“客户与业绩评价为主、逐步到位、奖惩结合”的基本原则。

第三条 经总行审批通过的全能型社区支行按照普通支行运营模式管理，同时，仍享受社区支行专项财务资源政策，对全能型社区支行以此考评办法标准进行定期评价。

第四条 社区支行的考核标准

社区支行的考核，以网点的考评综合金融资产、考评核心客户数、成本收入比为主要评定依据，并结合代扣代缴、网点建设、资产质量、内部控制等情况考核评定。

（一）考评综合金融资产日均规模

考评综合金融资产年日均规模分数 = 该网点实际考评综合金融资产年日均规模/对应考评综合金融资产年日均规模标准 ×90，该指标最高得分 100 分，最低得分 0 分。

（二）考评核心客户数

考评核心客户包含借记卡核心客户及信用卡有效首刷考评卡量。各层级核心客户、信用卡按照不同的折算系数折算为考评核心客户。

考评核心客户分数 = 该网点实际考评核心客户/对应考评核心客户标准 ×90，该指标最高得分 100 分，最低得分 0 分。

（三）成本收入比

社区支行考评以"第二年实现盈亏平衡、第三年盈利"为总体要求，下达第一至第三年社区支行成本收入比指标标准。

成本收入比指标基本分为90分，每比考评标准高1个百分点减2分，每比考评标准低1个百分点加2分，该指标不设最高分上限，最低分0分。

（四）代扣代缴

对于社区支行客户代扣代缴业务开通情况设置加分项，以社区支行客户平均开通率为评价标准，平均开通率在［1，2）的加5分，平均开通率在［2，3）的加10分，以此类推，最高分为20分。

社区支行客户代扣代缴业务平均开通率＝考评期内社区支行代扣代缴有效客户数/（考评期初社区支行客户数＋考评期末社区支行客户数）×2。

代扣代缴有效客户是指考评期内发生单笔金额大于30元（含）的代扣代缴业务的客户。同时，根据客户开通的有效代扣代缴项目数设置客户折算系数。

社区支行客户代扣代缴业务指与社区居民生活密切相关的代扣代缴业务，包括水、电、煤、物业管理、网络通信、有线电视费、停车费等相关费用。

（五）网点建设、资产质量、内部控制

根据网点建设、资产质量和内部控制等情况，对于出现重大问题的给予扣分。扣分标准在以后文件中将具体规定。

社区支行考核分数＝考评综合金融资产得分×30%＋考评核心客户得分×40%＋成本收入比得分×30%＋代扣代缴加分项－重大问题扣分

第五条 该办法主要用于社区支行的考评管理，考评结果定期向分行公布，其中，第二、第三年考评结果作为是否获得社区支行专项效益工资的依据。

社区支行开业第一年为辅导期，总行按照标准统一给予专项效益工资补贴；开业第二年为辅导过渡期，根据社区支行考评达标情况给予专项效益工资奖励（补贴）；开业第三年为考核期，根据社区支行考评达标情况给予专项效益工资奖励（补贴）。社区支行第一年考评标准分为 80 分，第一年考评标准分仅作为参考，不与当年专项效益工资挂钩。社区支行第二年考评标准分为 80 分，考评得分高于标准分的社区支行给予第二年达标专项效益工资奖励，低于标准分的社区支行给予未达标专项效益工资补贴。第三年标准分为 90 分，考评得分高于标准分的社区支行给予第二年达标专项效益工资奖励，低于标准分的社区支行给予未达标专项效益工资补贴。对于超出《社区银行财务资源配置方案》中面积及占比要求的超面积社区银行，总行不予以专项效益工资。

第六条 社区支行专项效益补贴（奖励）标准①，如下表：

单位：万元/家

类型	第一年	第二年（达标）	第二年（未达标）	第三年（达标）	第三年（未达标）
全能型	18	15	10	12	5
简便型	13	11	7.5	9	4

第七条 对于提前达标或业绩优异的社区支行，总行将给予专项奖励，具体方案另行发文。

第八条 社区支行考评管理实行“统一领导、分级负责”的管理模式，由总分行分层定期组织考核。分行主要负责辖内社区支行

① 仅适用于2014 年6 月30 日（含）前开业的社区支行，2014 年6 月30 日后开业的社区支行财务资源标准另文公布。

考核评定的日常组织管理；总行主要负责社区支行考核工作的指导与监督，以及专项效益工资、专项奖励的核定工作。

第九条 为简化管理，在当年上半年成立的社区支行，当年即视为第一年，考核和计提效益工资均在同一年份；在下半年成立的社区支行，考核的年份按照成立次年为第一年进行，计提效益工资按照成立年份预先计提，次年根据考核结果进行结算发放。

第十条 总行成立社区支行考核评定小组，负责对社区支行实行评定及相关管理工作，考核小组由计划财务部、研究规划部、人力资源部、零售银行总部等部门组成。

第十一条 社区支行考评程序

总行考评小组负责组织开展对当年达到年限的社区支行进行评定工作，核定专项效益工资结果呈报行领导批准；

总行发文通报全行社区经营绩效情况、结果以及专项效益工资核定情况。

第十二条 本办法由兴业银行总行制定，由零售银行管理总部牵头负责解释和维护管理。

第十三条 各分行应根据本办法，结合所在区域实际情况，制定辖内社区支行考核管理实施细则，从财务、客户、流程、成长等维度进一步细化评价指标，明确考评工作流程，报备总行计划财务部、零售银行管理总部。

第十四条 本办法对2013年以来开业的社区支行均适用，原考评办法废止。

兴业银行关于社区银行建设“童兴俱乐部”的指导意见

各分行：

社区银行经过三年来的不断摸索与市场实践，金融产品与客户权益体系在社区支行初步成型，品牌也具备了一定的市场知名度。为进一步改善社区支行客群结构，拓展家庭综合金融资产，提高差异化竞争，总行在对分行充分调研的基础上，对现有俱乐部制度进行了梳理，并结合下一阶段全行家庭金融战略规划，拟定《兴业银行关于社区银行建设“童兴俱乐部”的指导意见》，旨在借助于儿童俱乐部这一组织形式，使之成为获取家庭客户重要抓手，从而进一步提升社区支行产品交叉销售和综合服务能力，成为传播“兴社区”品牌、争取中高端客户、维系客户关系的重要渠道，最终提升本行社区支行综合效益。

为进一步规范俱乐部的运营管理，提升客户服务品质，现将指导意见印发给你们，请认真学习，并遵照执行。

社区银行建设办公室

二〇一七年二月十日

兴业银行关于社区银行建设“童兴俱乐部”的指导意见

（2017 年 2 月）

为进一步改善社区支行客群结构，推动家庭金融业务的发展，特拟定《兴业银行关于社区银行建设“童兴俱乐部”的指导意见》，以规范各分行“童兴俱乐部”的建设、运营与管理工作。

一、“童兴俱乐部” 基本介绍

“童兴俱乐部”由本行社区银行首创，以青少年儿童为主要目标客群，本着“一切为了孩子”的宗旨，为少儿搭建的“少儿财商”亲子俱乐部，同时携手著名教育机构、出国留学机构、全国儿童教育类公益优质资源，致力于提高孩子财商、情商管理及社区实践能力，为家庭提供亲子娱乐平台，为孩子搭建才艺展示舞台，为家长提供交流平台。

二、建设 “童兴俱乐部” 宗旨

建设“童兴俱乐部”是本行拓展中青年家长客户重要抓手之一，是改善社区支行客群结构的重要组织形式，是传播“兴社区”综合服务品牌、争取中高端客户、维系客户关系的重要渠道。对内而言，设立“童兴俱乐部”能够将本行儿童相关金融业务的产品与权益进行有效的整合，形成家庭客户有效服务体系；对外而言，推广俱乐部能够迅速聚拢人气，扩大本行服务口碑影响力，成为拓展目标客户的重要手段。为此，各分行必须把建设“童兴俱乐部”作为开展家庭综合金融业务的核心工作予以落实。在建设过程中，必须从少儿客户视角出发，更多地考虑少儿客户的心理诉求与行为偏好，俱乐部建设要围绕以下四个方面的宗旨。

（一）要有助于培养儿童客户的兴趣爱好，在当下教育市场火爆形势下，与热门教育机构进行建联合作，形成对儿童家长年龄层客户的广泛吸引力。俱乐部应成为儿童客户文化、教育、情商、财商等活动的平台。

（二）要有助于促进儿童、青少年等客群认知层次的提升。俱乐部应成为少儿客户才艺展示、梦想传播的平台，要重视青少年儿童的精神健康，为家长提供可以培养孩子健康身心系列服务的窗口，以线下体验课程的形式，适度减少家长对于教育类商户选择的盲从性和目标的不确定性。

（三）要有助于提升本行的服务品质。俱乐部要成为本行拓展、维系和服务儿童客户的平台，要通过创新金融产品与服务权益、完善服务流程等措施，不断提高本行面对家长客群乃至家庭客户综合金融服务能力。

（四）要有助于弘扬社会主流文化。俱乐部要成为本行积极践行企业社会责任的平台，要为儿童、青少年搭建树立理想、爱生活、乐于助人等传承中华美德的公益类教育平台，在开展广泛兴趣活动的同时，注重与公益类机构联合开展各类公益行教育活动，如探访农村留守儿童、献爱心等大型活动，不仅有利于俱乐部口碑有效传播，也将有助于树立“兴社区”平台“普惠金融”的对外良好形象。

三、“童兴俱乐部” 的组织架构

俱乐部作为一个全行性的营销组织体系，需要建设一套职责明晰、保障到位的管理架构，既要考虑基层客户服务的需要，也要解决客户拓展与维护的问题。为此，结合本行零售业务现有的管理形式，需要从总行、分行、社区支行三个层次分别定义俱乐部的管理职责。

（一）总行层面，“童兴俱乐部”主管部门设在社区银行建设办公室，承担主要管理职能，负责对全行俱乐部的建设规划，全行俱乐部业务发展工作安排，全行性俱乐部活动的策划、组织及实施，落实全行性俱乐部会员权益，定期跟踪、指导、监督分行俱乐部工作开展情况，根据分行反馈的客户意见和需求，改进完善制度建设、完善会员权益等。

（二）分行层面，由“童兴俱乐部”业务推广的社区办运营管理岗承担管理职责，主要负责制定俱乐部管理实施细则，制定分行辖内俱乐部活动方案并组织实施，落实分行特色俱乐部会员权益，安排财务资源，组织业务考核及营销活动后评价，指导、监督支行俱乐部工作开展情况，并及时将支行搜集的客户意见和需求反馈总行。

俱乐部可以是分行层级的，由分行统一进行管理，也可设立在所辖的部分支行，由支行独立开展活动。对于有异地机构的分行，也应在异地机构设立俱乐部。

（三）社区支行层面，必须有相应的责任人，主要负责俱乐部活动的实施与落地，负责发展、维护、服务俱乐部会员，负责零售产品的交叉销售，并把会员意见和需求及时反馈给分行。

四、“童兴俱乐部”的会员管理

（一）入会标准①

成为俱乐部的会员需要满足以下三个条件：

1. 原则上年龄超过4周岁（含）；
2. 客户综合金融资产达到本行核心层级以上；
3. 储蓄存款账户年日均不低于2万元。

① 入会标准可根据各分行实际情况制定。

（二）会员卡

手绘存折是“童兴俱乐部”会员统一会员卡，着力打造本行在少儿金融服务领域的新形象。将卡折交易记录本定制成手绘存折，把活动环节与业务进行结合，让活动目的不显生硬，每位参赛者家长拥有兴业卡即可为孩子关联一本手绘存折，存折上印有孩子自己的照片、相关作品，体现本行服务专属性。

（三）会员激活

激活方式以手绘存折绑定本行借记卡为唯一标准，本行借记卡可以选取以儿童画风为主的小蜜蜂卡，也可选取本行一般借记卡作为激活卡面。

（四）会员分类

对于已经成为本行核心客户的俱乐部会员称为“正式会员”；对于非本行客户，或是尚未达到核心客户标准的俱乐部会员称为“体验会员”。随着俱乐部人员的增长或是阶段性活动的需要，分行可以根据少儿客户参加俱乐部的初衷、爱好等，在俱乐部下分设不同的小组，予以分类管理。

（五）积分规则

俱乐部积分规则是“兴社区”平台积分规则的一部分，和平台规则合并成体系。制定积分规则的目的是利用积分，将客户尽可能引流至线下网点，在聚拢人气的同时，增加与客户面对面交流频次，获取客户乃至家庭金融需求信息，从而扩大产品交叉销售率。

1. 成为会员：1 万积分。
2. 线下报名：2000 积分。
3. 线上报名：2000 积分。
4. 线下活动：1 万积分/场。
5. 线上签到：100 积分。
6. 连续 7 天签到：1000 积分。

（六）会员资格

各分行可以结合手绘存折的发放进行会员资格管理，对于入会会员要办理相应的登记注册手续，并适时建立会员档案。若无特殊情况，一般不作退会处理。

各分行在登记俱乐部会员信息时，应根据实际需要获取完整的客户资料，记录会员的特长、爱好、家庭成员及关系人等，为后续营销做好铺垫。

（七）会员基本义务

会员在参与俱乐部活动时，必须严格遵守我国的法律法规与各项规章制度，不得作出违法或政府禁止的任何行为。

会员在参加活动时要遵守本行的各项活动规则，主动配合开展相关工作，积极维护本行的良好形象与品牌声誉。

五、“童兴俱乐部” 的会员权益

各分行要在充分吸收总行制定的俱乐部产品与服务权益的基础上，不断丰富分行俱乐部会员权益。“童兴俱乐部”实质是与儿童成长相关的各类教育商户、学校、公益事业单位联盟，是为广大少儿客群搭建的学习交流平台，因此热门教育机构、热点机构优惠信息和体验课程以及孩子未来留学规划等无疑是家长客群最关注的信息，也是俱乐部成败关键。

一是要合理运用储蓄教育基金、专属外汇账户等存款类产品进行包装，宣扬倡导“培养儿童储蓄、理财、保险意识是培养儿童财商理念的首要环节”等，吸引各类家长的关注；二是结合本行品牌优势，建联各类优质、口碑较好的地方性教育机构、商户加盟，提升俱乐部品牌影响力；三是利用本行特色金融产品如外汇专属账户优惠、“寰宇人生”、信用卡分期等特色产品业务，补充到俱乐部会员权益中，将本行为零售客户提供的增值服务予以融会贯通；四是要善于学习同业与兄弟分行成功的营销经验，博采众长，完善本分行的俱乐部会员权益。

在会员权益的划分上可有以下两类：

（一）专属权益

1. 金融服务：包括“童兴俱乐部”专属外汇账户权益、教育类贷款、储蓄产品、便利结算、资费优惠、网点绿色通道等。

2. 增值服务：包括参加由总行统一组织的全国大型少儿才艺类赛事、出国游学计划、出国留学规划讲座、各类重大节日、全国性公益活动等；享受平台商城指定商品特惠、儿童机票优惠兑换、家庭类客户指定商品优惠。

3. 专项服务：保险咨询、出国留学咨询、教育机构课程优惠等。

4. 属地服务：分行与当地学校、教育机构、公益服务机构、留学移民等第三方机构合作，为俱乐部会员提供的特色权益。

（二）普惠权益

俱乐部应积极拓展第三方合作机构，充分借助社会力量扩大“童兴俱乐部”权益，组织形式多样的活动以丰富俱乐部内涵，让广大会员能够积极参与。

1. 为会员提供学习的机会。俱乐部可以组织书画、摄影、烹饪、健康保健等学习班，培养会员的兴趣爱好，提高自身修养。

2. 为会员提供交流的机会。俱乐部可以组织户外旅游活动、与外部机构合作的讲座活动等，协助会员建立各类兴趣小组，并融入与自己有相同爱好、共同语言的朋友圈。

3. 为会员提供展示才艺、自我特长的机会。俱乐部可以组织各类文体活动或竞技类比赛，帮助会员发挥所长，丰富课余生活。

4. 为会员提供实现自我价值的机会。俱乐部可以组织公益类活动，如扶贫、捐助、捐赠等，为扶助其他的社会弱势群体贡献会员的力量。

分行在设计俱乐部会员权益时，必须本着严谨的态度，不得予以夸大或使用容易引起歧义的表述。对于公开承诺的权益或服务内容，必须在相应期限内保证兑现。

六、“童兴俱乐部” 的活动安排

（一）全行性活动

在俱乐部活动的组织方面，总行重点解决两个方面的问题：一是保持与希望工程基金会的沟通渠道，积极参与政府部门组织的全国性、阶段性的公益活动，并为分行推进与各地少儿成长教育主管机构的合作营造良好的氛围；二是依托全国俱乐部会员平台，通过主流媒体或互联网渠道适时组织全行性的营销活动、品牌宣传活动。

（二）区域性活动

分行应围绕普惠权益，开展固定类的或阶段性的俱乐部活动。涉及为会员提供学习与交流机会的权益，可以设计为固定类活动，如各类培训班、兴趣小组、户外活动，要有固定的时间表，定期组织活动；涉及展示会员特长、实现自我价值的权益，可以设计为阶段性的俱乐部活动，如小小银行家、青少年才艺比赛、暑假夏令营特别活动、献爱心公益活动等。

（三）活动要求

1. 各分行要根据总行的统一部署，参与总行组织的全行性俱乐部活动，同时负责做好本区域内的俱乐部活动。每家分行每年至少要组织两次阶段性的区域活动。

2. 各分行对于俱乐部活动要有统一的规划与安排，在组织俱乐部活动时，必须具备相应的投入产出意识，事先要做好家长客群定位、活动方案的设计、相关推介产品组合，事后要做好营销成效的评价，通过不断地总结持续予以改进。

3. 各分行在组织俱乐部活动时要把儿童客户的人身与财产安全

放在首要位置，不得组织存在安全隐患或与少儿不相匹配的活动。在活动期间必须有专人陪同参加，不得随意交由第三方机构负责组织实施。

4. 各分行在制定俱乐部各项活动的制度与规范时，应以鼓励会员积极参与为初衷，寓教于乐，要维持俱乐部亲民开放、乐观向上的氛围。

5. 各分行在组织俱乐部活动过程中，不得引导会员进行不合理消费，推销与本行无关的产品或服务（经过审批的除外）。

6. 各分行要安排相应的资源对于俱乐部进行有效宣传，扩大社会影响力。对于俱乐部活动的实施情况要以简报、邮件等形式定期报告总行。

七、与第三方机构的合作规范

分行在开展俱乐部活动时，应与当地关心下一代工作委员会、报社等政府机构合作，以此提升对家长客户的吸引力和信任度。但在合作中应对合作机构、品牌宣传、营销活动、活动审批四个方面加强管理和规范。

（一）对合作机构的要求：除政府相关机构外，俱乐部选择的第三方合作机构必须专注于儿童财商教育、情商管理、才艺培训等，且在当地市场有较好的口碑，其服务与宣传内容与所从事行业相吻合，并具备相应的服务能力等，以保障后续业务的有效开展。

（二）对品牌宣传的要求：俱乐部与第三方机构开展营销宣传过程中，应谨慎使用“童兴”品牌以及兴业银行等相关文字与内容，不得刻意夸大或进行不实宣传，要让俱乐部宣传与活动内容名至实归，能够有效保障客户权益。

（三）对营销活动的要求：与第三方机构涉及联合营销的，在活动设计、营销安排等各个环节必须合法合规，必要时应事先签订合作协议，明确划分双方的权利和义务，在产品线或服务线上做好风险隔离。同时，应要求第三方机构对于客户信息等负有保密责任，并且不得以非法方式进行市场推广。

（四）对活动审批的要求。各分行可以根据实际情况自行决定俱乐部活动的时间、地点与方式。但是，活动若涉及销售非本行产品或服务项目的，或是在公开渠道使用“童兴”品牌及兴业银行金融服务等相关宣传用语的，必须根据不同的业务类型提前以日常事务审批等形式报经总行批准。

八、“童兴俱乐部” 的监督检查

（一）俱乐部组织管理情况

总行将建立对俱乐部建设的定期监督检查机制，重点检查各分行俱乐部规章制度、会员权益设计、活动组织开展、与第三方机构的合作、各类增值服务权益的使用情况等，及时总结、挖掘与推广成功的组织管理经验与案例，并给予相应的政策扶持。对于未按要求落实相关工作的，将以通报、组织培训等方式督促其改进。

（二）俱乐部营销成效评价

总行将不定期参与或抽查分行俱乐部活动，并从品牌宣传、客户数及综合金融资产增长三个维度对于分行俱乐部营销活动的长期成效予以评价。对于客户拓展得力、综合效益提升较快的分行，总行将给予财务或增值服务方面的资源倾斜；反之，将协助分行共同分析活动成效不理想的原因，采取措施协同改善。

兴业银行关于2017年社区支行开展“寰宇人生”专项业务推广活动的通知

各分行：

随着我国居民海外移民定居、海外置业、留学旅游等需求激增，出国金融业务以其轻资本占用、高中间业务收入和较高专业性等特点成为银行迎接挑战、应对转型的有力武器。社区支行依托其独特的地缘优势和服务特色，与本行“寰宇人生”出国金融品牌在客群定位、产品设计、增值服务等多方面存在相当契合度。为进一步巩固社区支行“金融有温度”服务理念，改善社区支行客群结构，增加中间业务收入来源，2017年决定全面开展社区银行“寰宇人生”出国金融业务专项推广活动。本次活动的开展将有助于本行“四大人生”品牌在社区支行全面落地、社区支行家庭客户及高端客群的快速积累，为后续社区支行产品及服务体系的完善、打造新的利润增长点奠定坚实基础。现将有关事项通知如下：

一、活动时间

2017年全年。

二、活动目标

1. 新增“童兴”专属本外币储蓄账户30万户。
2. 人民币结算存款日均新增50亿元。
3. 实现中间业务收入3亿元。
4. 网均核心客户新增150户。

三、活动形式

总体上，以家庭为单位，“童兴俱乐部”“安愉人生俱乐部”为活动载体，由总行负责、分行配合共同组织，借助国内大型培训机构、出国留学、投资移民、旅游商旅机构资源，结合分行当地特色资源，以吸引新客户、维护老客户为目标，组织开展各种留学规划、投资移民、旅游健康等寰宇专题活动，活动形式不拘泥于单一形式，除专题活动外，也可将“寰宇人生”重点产品以穿插式营销的方式融入各类家庭客户套餐中经营推广，扩充家庭客户增值服务广度，提升“兴社区”综合平台影响力和知名度。

四、项目产品支持①

（一）青少年海外游学项目

海外游学（yoosure）不是单纯的旅游，也不是纯粹的留学，它贯穿了语言学习和参观游览，恰如其分地融合了“学”与“游”的内容。为丰富“童兴俱乐部”服务内涵，提升俱乐部规格，总行专门制订“童兴”海外游学计划，包含欧美游学、旅游项目、大型国际赛事、青少年游学夏令营等，定制欧美国家热点游学线路，配套本外币结算账户、留学贷款、签证、信用卡等系列金融产品，不仅拓宽孩子的国际视野，丰富人生阅历，接受西方先进教育体系和教育理念的熏陶，更丰富社区支行产品供应，延伸温度金融服务内涵，加大社区支行家庭客户交叉销售率。具体产品如下：

1. “童兴”专属本外币储蓄账户。

（1）活动对象：“童兴俱乐部”VIP 会员。②

---

① 项目介绍、活动流程安排咨询出国金融处。

② 会员标准详见《兴业银行关于社区银行建设“童兴俱乐部”的指导意见》。

（2）专属账户权益：专属账户活期利率高于一般活期存款，且归档计息，如活期存款在账户留存满 3 个月，按 3 个月定期存款计价，且高于同期普通 3 个月定期存款利率执行水平。

2. “追随梵高”国际美术赛事。

（1）活动简介：追随梵高美术大赛是由荷兰梵高博物馆与上海睿和文化交流中心共同联合国际、国内知名机构举办的国际美术大赛。大赛力邀国内及国际级美术及美育教育大师，秉持公正公平的评选方式，引进国际美术比赛经验，以“还给孩子创造力”为宗旨，绘画形式不限、题材不限。分幼儿组、小学组、初中组和高中组。共设置铜像奖若干、银像奖 150 名、金像奖 50 名和金向日葵奖 5 名等奖项，分别奖励不同价值的欧洲美育游学奖励金一份和家长教育规划课程一堂。

（2）活动时间：3 ~ 8 月。

（3）活动阶段：报名、海选、初赛、决赛。

（4）报名要求：“童兴俱乐部”会员。

（5）VIP 会员专享：优惠报名费、优惠参加国际儿童多媒体互动体验、儿童专场活动纪念品等。

3. 2017 阿斯塔纳世博会中国青少年艺术作品征集活动。

（1）活动简介：中哈互为友好邻邦，作为“一带一路”重要沿线国家，也是中国开展产能合作的重点国家。2017 年正值中哈建交 25 周年，也是哈萨克斯坦中国旅游年。2017 年初，兴业银行与中国国际贸易促进委员会暨 2017 阿斯塔纳世博会（中国馆）组委会签订战略合作协议，成为世博会“金牌赞助商”及“官方合作伙伴”。借助世博会赞助商影响力，进一步扩大“童兴俱乐部”对外知名度，结合关注青少年健康、运动精神内涵，组织开展“2017 阿斯塔纳世博会中国青少年艺术作品征集活动”。

（2）活动时间：2017 年 3 ~6 月。

（3）报名要求："童兴俱乐部"会员。

（4）VIP 会员专享：优惠报名费、优先参与艺术作品征集活动。

4. 青少年足球夏令营。

（1）活动简介：意大利足球夏令营，一站式游学包签证，本行专业带团导师全程监护，开启欧洲文艺之旅，拜访名校，亲近自然，欧洲多元文化完美体验。

（2）活动时间：2017 年寒暑假期间。

（3）活动地点：意大利。

（4）报名要求："童兴俱乐部"会员。

（5）VIP 会员专享：优惠报名费、优先参与夏令营资格。

（二）境外旅游项目

（1）活动简介：境外旅游项目是本行"寰宇人生"专属配置旅游项目，目的地涵盖三个大洲数十个国家青年客群喜爱的著名旅游景点，包括南极极地游、南非之旅、俄罗斯红色旅游、美国、澳大利亚、欧洲等几大景点旅游线路。

（2）报名要求：社区支行客户。

（3）家庭客户专享：旅游费用优惠减免、其他增值服务。

（三）基因检测项目

包括国内儿童天赋基金检测、儿童用药基金检测、国外全基因检测、常见肿瘤基因检测等。

1. 国内儿童天赋基金检测。

通过检测分析儿童的多种智力潜能相关基因类型，根据当前世界权威学术期刊发表的基因科学成果，来预测评估儿童的智力发展潜能和行为发展倾向，为家长规划孩子教育和培养方向提供有价值的参考。

报名要求："童兴俱乐部"会员。

会员优惠：VIP 会员七折。

2. 国内儿童用药安全检测。

推行儿童用药安全教育，减少儿童用药安全隐患。帮助家长了解孩子的吃药体质，选择更适合孩子吃的药，将吃药的伤害降到最低，使孩子得到更有效的治疗。

报名要求：“童兴俱乐部”会员。

会员优惠：VIP 会员七折。

3. 日本癌症筛查。

依托日本 30 年以上防癌历史，拥有国家级的防癌基本法、世界领先的癌症防治体系，推行癌细胞筛查结果更准确，通过定性和定量分析，能提供有价值的功能和代谢方面的信息，同时提供精确的解剖信息，能帮助确定和查找肿瘤的精确位置，达到癌变提早预防的目的。

家庭客户专享：三年/五年多次日本多次往返签证，旅途便捷无忧。

4. 美国全基因检测。

检测项目包括疾病风险评估、先天性遗传疾病检测、遗传性状分析和血统分析，提出个体化用药指导。该项目须提前 70 天预订，4 人起团，7 晚 9 天美国自由行。

报名要求：社区支行客户。

家庭客户优惠：家庭成员尊享八折。

5. 国内常见肿瘤基因检测。

肿瘤细胞从增殖开始到形成早期肿瘤大概需要 10 年，此阶段人体几乎没有任何症状；继而发展到中期肿瘤，只需 1 年左右。所以，基因检测可在疾病发生前预测风险，以便有针对性地改善外部环境和生活习惯，避免疾病的发生，真正做到“早检测、早知道、早预防”。

报名要求：社区支行客户。

家庭客户会员优惠：家庭会员尊享八折。

6. 环球养老项目。

健康项目：多国多项健康项目，针对各式健康需求，挑选最适合客户的健康保卫方式，守护健康永远在路上。

旅游路线：目的地涵盖三个大洲数十个国家无数著名景点。看世界美景，观全球人文。合理安排路线，告别疲劳旅行，错峰出游体验当地人生活。

报名要求："安愉人生"客户。

会员优惠：本行家庭客户成员、"安愉人生"客户享受市场价七折优惠。

五、财务资源配置

产品	配置标准
"童兴"专属储蓄账户	10元/户
境外旅游项目	—
基因检测项目	—

注：财务费用配置标准以正式发文为准。

六、活动要求

本次活动由社区银行建设办公室统筹部署，出国金融处配合推动，各分行社区支行利用"童兴俱乐部""安愉人生俱乐部"为活动主要载体，开展各类营销活动，利用自身资源，发挥属地优势分头推进，上下联动，做深做透，确保活动目标顺利达成。

（一）高度重视。各分行要认真领会总行精神和专项活动开展的重要意义，对于“兴社区”服务平台搭建、“童兴俱乐部”、家庭客户建立均具有深远意义。请各分行及早组织部署安排，分析找准目标客户市场定位，有的放矢开展相关活动市场宣传，提出有效措施，确保活动的量与质。

（二）特色创新。各分行要在总行组织的活动基础上，结合当地特色，与有一定影响力的机构合作，创新思路，百花齐放，推出多形式活动。也可结合社区周边特惠商户和信用卡特惠商户，设计适合本次专项活动会员特色的优惠商品、优惠活动，多方位提升俱乐部会员的价值感受，配合社区支行更好地拓展客户、维护客户。

（三）费用落地。总行组织的各类活动，均产生中间业务收入，并按笔奖励营销人员，请各分行积极正确宣导，组织安排推广营销。

参考文献

[1] 陈一洪．社区银行建设的美国经验、国内现状与发展[J]．武汉金融，2014（5）．

[2] 蒂莫西·J. 科埃利，等．效率与生产率分析引论［M］．王忠玉译．北京：中国人民大学出版社，2008.

[3] 高雷．新兴商业银行的介入及绩效［J］．当代经济科学，1999（2）．

[4] 顾旋，刘都，刘炜．中国商业银行营销管理［M］．北京：社会科学文献出版社，2000.

[5] 康卫华．大变革下的当代美国社区银行［J］．国际金融研究，2005（6）．

[6] 李志赟．银行结构与中小企业融资［J］．经济研究，2002（6）．

[7] 梁立俊．银行的规模优势和市场分割性［J］．财经科学，2003（5）．

[8] 龙超，邓琨．中小企业融资与社区银行发展——美国社区银行发展的启示［J］．世界经济研究，2011（8）．

[9] 苗萌萌．金融脱媒背景下美国社区银行发展的路径及效率研究［D］．天津：南开大学，2013.

[10] 钱水土，李国文．社区银行及其在我国的发展［J］．金融

理论与实践，2006（2）.

［11］王爱俭.中国社区银行发展模式研究［M］.北京：中国金融出版社，2006.

［12］王振山.银行规模与中国商业银行的运行效率研究［J］.财贸经济，2000（5）.

［13］晏露蓉，林晓甫.中国社区银行的市场需求和发展的可能性分析［J］.金融研究，2003（10）.

［14］杨蔚东.社区银行研究文集［M］.北京：经济科学出版社，2006.

［15］杨蔚东，杨宝臣，董越.关于我国社区银行发展的战略思考［J］.经济界，2006（1）.

［16］杨晔.我国社区银行发展定位与核心竞争力构建研究［J］.当代财经，2008（1）.

［17］张捷.中小企业的关系型借贷与银行组织结构［J］.经济研究，2002（6）.

［18］赵革.中国社区型银行的制度分析［D］.天津：天津财经大学，2008.

［19］赵世勇，香伶.美国社区银行的优势与绩效［J］.经济学动态，2010（6）.

［20］钟伟.中国民营银行宜走社区银行之路［J］.上海金融，2004（6）.

［21］BANKER R D，CHARNES A，COOPER W W. Some models for estimating technical and scale inefficiencies in data envelopment analysis［J］. Management Science，1984，30（9）.

［22］BELL F W，MURPHY N B. Costs in commercial banking：a quantitative analysis of bank behavior and its relation to bank regulation［M］. Federal Reserve Bank of Boston，1968.

[23] BENSTON G J . Economics of scale and marginal costs in banking operations [C]. The National Banking Review 2, 1965.

[24] BERGER A N. Profit – structure relationship in banking – tests of markets power and efficient structure hypotheses [J]. Journal of Money, Credit and Banking, 1995, 27 (2).

[25] BERGER A N, HANCOCK D, HUMPHREY D B. Bank efficiency derived from the profit function [J]. Journal of Banking & Finance, 1993, 17 (2).

[26] BERGER A N, UDELL, G F. The economics of small business finance: The roles of private equity and debt markets in the financial growth cycle [J]. Journal of Banking and Finance, 1998 (22).

[27] BERGER A N, DE YOUNG R. The effects of geographic expansion on bank efficiency [J]. Journal of Financial Services Research, 2001, 19 (2 –3).

[28] BERGER A N, UDELL G F. Small business credit availability and relationship lending: The importance of bank organizational structure [J]. The Economic Journal 2002 (112).

[29] BERGER, A N, IFTEKHAR HASAN, LEORA F. KLAPPER. Future evidence on the link between finance and growth: An international analysis of community banks and economics performance [R] Presentation to the conference sponsored by the Federal Reserve Bank of Chicago on "Whither the Community Bank?" 2003.

[30] BERGER , A N , UDELL, G F. Universal banking and the future of small business lending [J]. The Wharton Financial Institutions Center Working Paper 95 –17. April, 1995.

[31] BRICKIEY J A, LINCK J S, SMITH C W. Boundaries of the firm: Evidence from the banking industry [J]. Journal of Financial Eco-

nomics, 2003 (70) .

[32] CARTER D A, MCNULTY J E, VERBRUGGE J A. Do small banks have an advantage in lending? An examination of risk – adjusted yields on business loans at large and small banks [J]. Journal of Financial Services Research, 2004, 25 (2 – 3) .

[33] CASU BARBARA, GIRARDONG CLAUDIA, MOLYNEUX, PHLIP. Productivity change in European banking: comparison of parametric and non – parametric approaches [J]. Journal of Banking & Finance, 2004, 28 (10) .

[34] COELLI T J, RAO D S P, O' DONNELL C J, Battese G E. An introduction to efficiency and productivity analysis [M]. Springer US, 2006, 1.

[35] DE YOUNG R, HUNTER W C, UDELL G F. The past, present, and probable future for community banks [J]. Journal of Financial Services Research, 2004 (25) .

[36] EMMONS W R, YEAGER T J. Reducing the risk at small community banks: Is it size or geographic diversification that matters? [J]. Journal of Financial Services Research, 2004, 25 (3) .

[37] ERGUNGOR, O. Community banks as small business lenders: The tough road ahead [D]. Working Paper 02 – 03, Federal Reserve Bank of Cleveland, 2002.

[38] FARRELL M J. The measurement of productive efficiency [J]. Journal of the Royal Statistical Society. Series A (General), 1957, 120 (3) .

[39] Federal Reserve Board (PRB) . Annual report to the congress on retail fees and services of depository institutions [C]. FRB, 2003.

[40] GUZMAN I, REVERTE C. Productivity and efficiency change and shareholder value: evidence from the Spanish banking sector [J]. Ap-

plied Economics, 2008, 40 (15).

[41] HAYNES, GEORGE W, CHARLES OU, ROBERT Berney. Small business borrowing from large and small banks [D]. Working Paper, Montana State University, 1999.

[42] JOHN K. ASHTON. Cost efficiency characteristics of british retail banks [J]. The Service Industries Journal, 2001, 21 (2).

[43] STEIN JEREMY, C. Information production and capital allocation: decentralized vs hierarchical Firms [J]. Journal of Finance, 2002, 57 (5).

[44] KEETON, WILLIAM, JAMES HARVEY, PAUL WILLIS. The role of community banks in the U. S. economy [J]. Economic Review, 2003, 88 (2).

[45] KENNETH D. JONES, TIM CRITCHFIELD. The declining number of U. S. banking organizations: Will the trend continue? [D]. Draft FOB - 200 - 02. 1

[46] LAWRENCE G GOLDBERG, COLE R A, L J WHITE. Cookie Cutter versus Character: The micro structure of small business lending by large and small banks [J]. Journal of Financial and Quantitative Analysis 39 (June), 2004.

[47] LEVONIAN MARK E, SOLLER JENNIFER. Small banks, small loans, small business [J]. FRBSF Economic Letter. Januuary 12, 1996.

[48] MEYER, ANDREW P and YEAGER, TIMOTHY J. Are small rural banks vulnerable to local economic downturns? [J]. Federal Reserve Bank of St. Louis Review, 2001 (83).

[49] NEELY, MICHELLE CLARK, WHEELOCK, DAVID C. Why does bank performance vary across states? [J]. Federal Reserve Bank of St. Louis Review, 1997 (79).

[50] PEEK, J , ROSENGREN, E S. Small business credit availability: How important is size of lender? [D]. Saunders, A. , Walter, L (eds.), Universal Banking: Financial System Design Reconsider, 1996.

[51] RAUCH J , HENDRICKSON J M. Local market structure and small bank risk: Is there a connection? [J]. January 2003 Draft.

[52] ROUSSAKIS, EMMANUEL N. Commercial banking in an era of deregulation [M]. Praeger Published, Westport, Connectcut London, 3rd Edition, 1997.

[53] STRAHAN P E, WESTON J P. Small business lending and the changing structure of the banking industry [J]. Journal of Banking & Finance, 1998, 22 (6 - 8) .

后 记

社区银行这一概念源自于美国，与传统大银行不同，社区银行的网点主要位于社区，因此被称作社区银行。早在2010年以前，国内就有部分城市商业银行和农村商业银行探索设立社区银行。时任兴业银行北京分行行长的陈锦光较早地看到了社区银行未来的发展前景，在兴业银行北京分行试点设立了两家社区银行。当时从全国范围来看，社会居住形态还没有发展到一定阶段，又由于监管政策的限制，社区银行大规模建设的条件尚不成熟。但从社会发展的大趋势来讲，社区银行的发展前景无疑是十分广阔的。

时间到了2013年，商业银行的经营环境发生了较大的变化。从宏观经济形势上看，我国经济开始进入下行周期，商业银行面临着巨大的经营压力，各家银行都开始尝试探索新的发展模式和路径，企业经营环境持续恶化，而居民财富在不断增长，零售业务得到了前所未有的重视。从市场环境来看，居民的理财意识普遍提高，理财的手段和方式也日趋多样化，靠传统的拉储蓄、放按揭、吃利差的模式发展已经难以为继。同时，互联网行业对金融业的跨界渗透程度也越来越深，并形成了互联网金融的概念，银行零售业务也面临着严峻的竞争压力。从银行自身转型来看，股份制银行的转型要求最为迫切，与大银行相比，股份制银行网点数量稀少，无法覆盖有效人群，与城市商业银行和农村商业银行相比，股份制银行扎根不深，客户基础薄弱。发展零售业务必须有足够的网点覆盖率，这是市场的客观规律，但开设传统网点需要耗费大量的成本，而且传统网点主要是为企业服务，往往设在主干道路，不仅成本高，而且不方便居民办理零售业务。当然，还有一个很重要的因素，就是经过房地产行业的大发展以后，我国居民的居住形态已经发生了比较大的变化，居民日趋向社区集中，这就为开设社区银行创造了客户基础。无论从降低成本，还是从贴近客户的角度考虑，开设社区银行都是商业银行转型的有利选择。

兴业银行和民生银行最早开始应对这一形势的变化。2013 年 2 月，兴业银行副行长陈锦光在总行零售部门提出了这一课题，并开始加以论证。4 月，总行零售部门内部已经形成了有关社区银行发展的一系列文件。5 月，民生银行在大连召开会议，要求在全行范围内实施社区银行战略，并制订了建设 5000 家社区银行的雄心勃勃的计划。民生银行的社区银行建设计划促使兴业银行加紧了内部讨论的进程。2013 年 6 月 25 日，兴业银行率先在福州设立了全国性股份制银行的第一家社区银行——福州联邦广场社区支行，并在 7 月的全行工作会议以及 8 月的全行零售工作会议上，正式确立和发布了社区银行发展战略。随后，华夏银行、平安银行、浦发银行等各家股份制银行也纷纷提出各自版本的社区银行建设计划。

兴业银行没有提出宏伟的社区银行建设计划，但一步一个脚印，扎实地开展社区银行建设工作。总行设立社区银行建设委员会，时任兴业银行行长的李仁杰担任委员会主任，而负责具体实施工作的、分管零售的副行长陈锦光担任委员会副主任。委员会下设办公室，成员囊括了兴业银行总行的各主要部门。可以说，兴业银行对社区银行建设给予了充分的重视，实施社区银行建设战略的每一步都经过了激烈的讨论和严谨的论证。兴业银行采取的社区银行建设模式不同于民生银行的金融便利店模式，而是更接近于深入社区的传统零售支行，这种模式扩张速度相对比较慢，但更加符合监管的要求，也更加规范。中国银监会、福建银监局领导在调研兴业银行社区银行时都表示："这就是我心目中的社区银行。"2013 年底，中国银监会办公厅发布了《关于中小商业银行设立社区支行、小微支行有关事项的通知》。按照该通知的标准，兴业银行的社区银行基本符合监管当局的规定，在所有股份制银行中，兴业银行的社区银行相对较为规范。2013～2014 年，兴业银行共设立了 1000 家以上的社区支行，都顺利地获得了正式的牌照。

从 2013 年至今，兴业银行的社区银行已经取得了比较好的业绩，这些社区银行绝大多数在开业一年左右盈利，远远超出了当初的预期，当时普遍预计一家社区银行至少需要 3～5 年的时间才能够盈利。兴业银行社区银行的营业时间根据当地社区居民的时间调整，每天营业时间为 10 小时左右，大大方便了社区居民和小微企业，受到了社区居民的普遍欢迎。可以说，从目前的情况看，兴业银行的社区银行既取得了不错的经济效益，也取得了很好的社会效益，真正做到了利民、便民、惠民，寓利于义，践行了企业的社会责任。

社区银行从开始建设到发展的过程中，始终充斥着各种不同的声音，支持者有之，怀疑者有之，反对者亦有之。对社区银行的质疑声很大一部分来源于互联网金融的快速发展，人们质疑实体网点是否还有存在的必要。这种声音既有外部的，也有银行内部的。随着社区银行经营效果的逐步显现，支持的声音逐渐大过质疑的声音。互联网快速发展背景下银行实体网点是否还有存在的必要，这是一个很大的话题，在这里不做详述。其实，这个问题不仅是银行实体网点面临的问题，也是所有实体网点共同面对的问题。实践已经给出答案，在互联网的强力冲击下，实体店的发展确实遇到了挫折，但是在经历了这一轮冲击之后，相当一部分实体店顽强地生存了下来。互联网快速发展背景下的实体店相较以前发生了很大的变化，更加重视体验式消费，更加重视客户的感受。社区银行同样如此，相比传统银行网点，社区银行更加温情、更接地气，也更有活力，社区银行发展过程中的一些经营理念和经营模式已经传导到了传统的网点，促进了传统网点的变化，提高了银行网点的竞争力。同时，社区银行与互联网相结合，给客户带来了更好的服务体验。目前，互联网行业在经历了高速发展之后，也遇到了瓶颈。为了在竞争中脱颖而出，一些互联网企业选择了向线下发展。从这些现象来看，线上渠道和线下渠道缺一不可，社区银行的存在不仅是合理的，而且是成功的。

兴业银行社区银行的发展凝聚了监管部门和总分行社区银行建设者的心血和努力，时任福建银监局副局长的陈晓楠和股份制银行监管处处长吴晓芬给予兴业银行社区银行很多的指导，兴业银行董事长高建平非常关心社区银行的建设，多次亲自主持社区银行建设与发展的专题会议，对建设社区银行不仅给予了决策上的重大支持，还多次过问并协调总行的有关部门全力支持解决社区银行在建设与发展过程中所遇到的种种困难和矛盾。时任行长李仁杰以及现任行长陶以平都给予社区银行高度的关注和支持，分管零售的副行长陈锦光参加了总行社区银行建设办公室的每一次会议，并经常深入一线，鼓舞社区支行员工的士气，了解并解决了很多具体问题。办公室、计划财务部、研究规划部、人力资源部、支付结算部、信息科技部、电子银行部、行政后勤部、监察保卫部等总行各相关部门都积极配合社区银行的建设工作，在政策制定、资源保障、系统配套等方面保障了社区银行建设的顺利推进。全行社区支行干部员工牺牲休息时间、克服各种困难，夜以继日地投入社区银行建设和经营工作，敬业、创业、团队精神令人感动。很多社区银行员工的家人也对社区银行工作给予了充分的理解和支持，有的员工家属给社区银行员工送水送饭，提供后勤保障，有力地支援了社区银行建设。

服务和感动是相互的，社区银行为居民做好服务，与社区居民打成一片，而当地居民，比如很多大爷大妈把社区银行员工当作自己的孩子，给员工送去他们亲自做的饭菜，这种正向的反馈促使员工的服务热情更加高涨。总行社区银行建设办公室（以下简称社区办）的工作条件也非常艰苦，零售银行总部副总裁严学旺兼任社区办主任，为社区银行这个专项工作耗费了大量心血和精力。社区办日常工作主要由朱建平同志负责，大部分时间社区办的办事人员只有2～3个人，他们经常“5+2”“白+黑”地倾情投入。总行银行卡与渠道部副总经理胡筱舟、总经理助理欧阳菲也在社区银行建设的前期和中期发展做了大量工作，打下了比较好的基础。所有为兴业银行社区银行建设和发展出过力、做过贡献的人都值得我们感谢。

兴业银行社区银行是国内为数不多的发展比较成功的社区银行，发展到今天，积累了大量的建设和管理经验。在参考借鉴理论的过程中，我们发现，国内有关社区银行方面的论著很少，特别是基于实践的理论分析，还没有完整的论述。因此，我们愿意把兴业银行的案例拿出来，作为成功的社区银行建设和经营模式与社会分享，希望以此促进国内社区银行以及普惠金融的发展，这本身也是我们探索建设社区银行的目的之一。

社区银行实证研究编写组
2017年8月
上海兴业大厦